The Routledge
Intermediate Wels

The Routledge Intermediate Welsh Reader is a comprehensive reader designed to provide varied, stimulating and up-to-date reading material for learners of Welsh at the intermediate level.

The Welsh Reader provides a bridge between basic literacy skills and the ability to read full novels and newspapers in Welsh. It consists of 35 authentic readings, graded on the basis of complexity of vocabulary, grammar and syntax. These readings are drawn from a range of contemporary sources such as newspapers and magazines as well as novels and historical works.

It is ideal for learners who already possess a knowledge of essential grammar and vocabulary and who wish to expand their knowledge of the language through contextualized reading material.

Key features include:

- extracts of modern literature and newspaper/magazine articles
- vocabulary lists for quick reference
- short grammar explanations of any complicated structures
- initial consonant mutations marked typographically
- comprehension and discussion questions
- full answer key.

Suitable for both class use and independent study, *The Routledge Intermediate Welsh Reader* is an essential tool for facilitating vocabulary learning and increasing reading proficiency.

Gareth King is an experienced teacher of Welsh and the author of *Modern Welsh: A Comprehensive Grammar* (second edition, 2003), *Colloquial Welsh: The Complete Course for Beginners* (second edition, 2009), *Basic Welsh: A Grammar and Workbook* (1995) and *Intermediate Welsh: A Grammar and Workbook* (1996). All are published by Routledge.

ROUTLEDGE MODERN LANGUAGE READERS

Series Editor: Itesh Sachdev, *School of Oriental & African Studies, University of London*

Routledge Modern Language Readers provide the intermediate language learner with a selection of readings which give a broad representation of modern writing in the target language.

Each reader contains approximately 20 readings graded in order of difficulty to allow the learner to grow with the book and to acquire the necessary skills to continue reading independently.

Suitable for both class use and independent study, Routledge Modern Language Readers are an essential tool for increasing language proficiency and reading comprehension skills.

Titles in the series:

Turkish
Welsh

Forthcoming:

Arabic
Chinese
Dutch
Hindi
Japanese
Polish

The Routledge Intermediate Welsh Reader

Gareth King

Routledge
Taylor & Francis Group

LONDON AND NEW YORK

First published 2013
by Routledge
2 Park Square, Milton Park, Abingdon, Oxon OX14 4RN

Simultaneously published in the USA and Canada
by Routledge
711 Third Avenue, New York, NY 10017

Routledge is an imprint of the Taylor & Francis Group, an informa business

British Library Cataloguing in Publication Data
A catalogue record for this book is available from the British Library

Library of Congress Cataloging in Publication Data
King, Gareth, 1955–
  The Routledge Intermediate Welsh reader / Gareth King.
    p. cm. – (Routledge Modern Language Readers)
  Includes bibliographical references and index.
  1. Welsh language–Textbooks for foreign speakers–English. 2. Welsh
language–Grammar–Problems, exercises, etc. I. Title. II. Title: Intermediate
Welsh reader.
  PB2123.K57 2012
  491.6'686421–dc23

                                                                2012025643

ISBN: 978-0-415-69455-1 (hbk)
ISBN: 978-0-415-69454-4 (pbk)
ISBN: 978-0-203-07546-3 (ebk)

Typeset in Scala
by Graphicraft Limited, Hong Kong

Printed and bound in Great Britain by
TJ International Ltd, Padstow, Cornwall

Er cof am fy nghyfaill
In memory of my friend

DI JONES

1946–2012

Contents

Acknowledgements

First of all I must express my appreciation to *Golwg* magazine and *Y Cymro* newspaper for allowing use of a variety of material from both their printed and online content – a Reader of the modern Welsh language would be a pale thing indeed without the participation of these two prominent institutions of the news media in Wales, and I am grateful for their support. Similarly I thank BBC Cymru for their readiness to allow use of a number of pieces from their excellent and wide-ranging online presence. Copyright for all material used from these three sources remains with Cwmni *Golwg*, *Y Cymro* and BBC Cymru respectively.

I was fortunate to be able to use an excerpt from that wonderful book *Hanes Cymru* by John Davies in a previous title, and I am pleased to have been given permission to use two more here – I thank John Davies and Penguin Books for their agreement to this.

It was a pleasure also to have the cooperation of the literary and cultural magazine *Taliesin* and its co-editor Siân Melangell Dafydd, who arranged for excerpts from two review pieces to be made available, and also one from her own acclaimed novel *Y Trydydd Peth*.

From the start of this project I wanted to include an excerpt from Caradog Prichard's remarkable novel *Un Nos Ola Leuad*, and I am delighted to be able to acknowledge the copyright holder Mari Prichard for this permission.

My friend Gerwyn Wiliams was already making a name for himself as a very notable poet when I first knew him in Neuadd John Williams in Aberystwyth in the early 1980s, and his writing has in my view gone from strength to strength in the years since; so I am particularly pleased to be able to include a complete poem, *Efrog Newydd Eto*, from his most recent collection, and I thank him for entrusting it to me in this way.

As always, my friend Dewi Rhys-Jones has been a constant support and ensured a steady flow of materials during the planning and writing of the book.

I also thank the following individual contributors: Rhun ap Iorwerth, Kate Crockett, Lilian Edwards (for valuable linguistic feedback), Heledd Fychan, Meinir Gwilym, Roger Kite, Barry Lewis, David Elwyn Lewis, Anni Llŷn, Lowri Morgan, Celt Roberts, Dr Llinos Roberts, Rhiannon Thomas, Cris Tomos, Bethan Williams, Gene Wolfe and Leanne Wood.

My far-flung friends (some considerably further-flung than others) in the Welsh Language section of ForumWales (www.forumwales.com), none of whom I have ever met, have been steady and agreeable providers of feedback and chat on our favourite topic of conversation.

And to conclude with a statement of the obvious, I would never have managed to bring this book to completion without the unfailing supportive presence in my life of Jonquil, Adam and Liam.

About this book

This Reader aims to take you through graded passages of contemporary written Welsh with a view to enhancing your comprehension skills and your confidence in reading the language – by the end you should be better able to fend for yourself in the wide and wonderful world of written Welsh and thereby set yourself firmly on the path to mastery of the language in all its forms.

This is not a resource for absolute beginners in the language – a few broad assumptions must be made about the users of a reader like this; principal amongst these is that they are familiar at least with the basics of grammar and essential vocabulary – though plenty of assistance in both these aspects of language learning is to be found in the commentaries to the pieces. I refer those readers who may wish for revision or reassurance on basic grammatical structures to other Routledge Welsh language titles: the two workbooks *Basic Welsh: A Grammar and Workbook* (1995) and *Intermediate Welsh: A Grammar and Workbook* (1996); and the fuller grammar *Modern Welsh: A Comprehensive Grammar* (second edition, 2003). I have also included in the commentaries cross-references to the relevant sections of these books – more thoroughly in the first 20 chapters, by the end of which stage most major points have been commented on, and more sparingly thereafter; references are to sections in MW and to lesson units in BW and IW.

The texts are presented roughly in order of difficulty, and are broadly grouped into three blocks: 10 easier pieces to start with, then 15 of moderate difficulty, and a further 10 quite demanding pieces at the end, mainly from the formal and literary end of the scale. Every text is accompanied by a dedicated vocabulary, grammatical notes and exercises – nearly all include a comprehension exercise, which must obviously be answered in English, and a true/false exercise in Welsh, which should be answered strictly on the basis of the content of the piece; some of the later pieces also come with a Welsh–English translation exercise to further practise vocabulary and sentence structure. It will be noticed that I have commented on certain quite fundamental points in the earlier pieces, with the intention that this coverage of more basic grammatical principles will be of benefit to less advanced students, as a way of bringing them up to speed for the more challenging pieces to come.

As for the selection of texts, I may say at the outset that, while I have attempted to provide a range of levels starting with relatively easy pieces and progressing from there, all pieces are from material aimed at native speakers. I have not included any material specially written for learners (for example, Welsh novels rewritten in 'simplified' versions), as I am not convinced of the value of this approach. I would much rather that users of this book, at least, were enabled by glossing and annotation to get straight in and tackle real Welsh as read by native speakers, even if it is a bit of a challenge at times. On the other hand, like every living language, Welsh exhibits different levels or 'registers' of language, ranging from the very relaxed and colloquial style to the quite formal. The selection in this book will reflect this variety, and for many pieces I have broadly indicated the register in the introductory remarks.

I have varied the degree and nature of vocabulary help given with the reading pieces. Welsh has a powerful mechanism of word-formation and derivation to generate a rich vocabulary suited to modern needs, and one of the keys to achieving reading fluency is to be able to identify derived words from their roots – for example, to recognise *arweinydd* 'leader' and *arweinyddiaeth* 'leadership' from the root verbnoun *arwain* 'lead'; or to spot that a word like *cydbwysedd* is made up of three elements: a prefix *cyd-* meaning something like 'together' or 'with', a root *pwys* meaning 'weight', and a suffix *-edd* used to form abstract nouns; and that this word therefore must mean 'balance' or 'equilibrium'. This skill is acquired, like all skills, by practice – with the added complication in Welsh, admittedly, of possible vowel variation (*arwAin* but *arwEinydd*) and the ever-present possibility of consonant mutation (*Pwys* but *cydBwysedd*).

For most pieces I have provided exact glossing of words, but for a few I have tried to challenge the user a bit more by giving only the root word where a derived word is in the text. Since the vocabulary lists are all arranged by order of appearance in the text, I trust that this exercise in educated guesswork will prove feasible and beneficial for the alert and determined student.

The vocabularies generally give only one-to-one meanings as relevant to the text in question, and grammatical information such as noun plurals and verb stems is given only where this is necessary for the reading of the particular text.

On the ever-present matter of the mutations, I have taken a flexible approach with the texts themselves, supplying some with full indication of mutation, but leaving others without any indication at all, preferring to leave them as they are presented for ordinary readers in the real world – a greater challenge for the learner, undoubtedly, but one which must be undertaken sooner or later if any real facility in the written language is to be acquired. I have used the same system for marking the mutations as in previous books: ° = Soft Mutation (SM), ʰ = Aspirate Mutation (AM), ⁿ = Nasal Mutation (NM). In all texts where mutations are marked, it should be noted that all instances of mutation are marked throughout the text, with the sole exception of 'fixed' SM as found in invariable words like *ddoe* 'yesterday' and *wastad* 'always', and in words like *dros* 'over' and *dan* 'under', where – even though the unmutated variants *tros* and *tan* are found in some higher styles – the SM has long since become fixed in most styles of the modern language.

Mutations are marked throughout in the notes, regardless of whether marked or unmarked in the text.

Other abbreviations used are: LW = Literary Welsh, CW = Colloquial Welsh, N = North(ern), S = South(ern).

While this Reader has been designed as a resource to be worked through systematically, I know that some more confident students may wish to hop and dip instead, and for that reason the commentaries are designed to stand on their own for each text – this means of course that students working progressively through the book will notice some grammar topics, especially the more fundamental ones, are pointed out and commented on on more than one occasion, and I ask their indulgence in this.

No new language can be properly mastered until a facility with the written form is achieved. For serious and ambitious students, it is reading that most efficiently serves to expand vocabulary to a level where fluency is a realistic proposition – it is also of great benefit in helping to embed syntactic structures and patterns, for we are, more than was ever the case in earlier times, predominantly visual learners. I hope, therefore, that this book will fill a gap and prove a useful resource for all those who wish to take their study of this fascinating, expressive and (some might say) romantic language to a greater level of understanding and fluency; and I hope that readers will enjoy using it as much as I have enjoyed writing it.

Gareth King
Itháki
May 2012

Basic grammatical terms

ADJECTIVE – a word that describes a noun: *red, big, independent,* **coch, mawr, annibynnol**; also words like *his, this, our,* **ei, hwn, ein.**

ADVERB – a word or phrase that describes how, when or where an action takes place: *carefully, last year, outside,* **yn ofalus, llynedd, tu allan.**

COMPARATIVE – the form of an adjective that means 'more': *smaller, heavier, more interesting,* **llai, trymach, mwy diddorol.**

DEFINITE ARTICLE – the word for 'the'; **y, yr, 'r.**

ENDING – a syllable or syllables added to the main part of a word: *cat<u>s</u>, child<u>ren</u>, slipp<u>ed</u>, loud<u>er</u>,* **mynydd<u>oedd</u>, llyfr<u>au</u>, gwel<u>odd</u>, ysgafn<u>ach</u>.**

FOCUS – in Welsh, a way of emphasising part of a sentence by putting it at the front.

GENDER – for Welsh nouns (and some adjectives), masculine and feminine.

IMPERATIVE – the command form of the verb: *phone!, open!,* **ffonia!, ffoniwch!, agor!, agorwch!**

NOUN – any word that names an object, place or person: *window, Cambridge, Albert Einstein,* **ffenest, Itháki, Waldo.**

OBJECT – the receiver of the action of the verb in a sentence: *the cat stole <u>the sausages</u>,* **mae Dylan wedi colli'r <u>allweddi</u>.**

PREPOSITION – a word that indicates a relationship, usually spatial, between two nouns: *on, between, under,* **ar, rhwng, o dan.**

PRETERITE – a tense in the Welsh verb system indicating completed action in the past.

PRONOUN – a word like *you, she, these,* **chi, hi, y rhain** that stands in place of a noun.

RELATIVE CLAUSE – a type of subordinate clause involving (in English) *who, which* or *that*: *I spoke to the man <u>who sold us the car</u>,* **dyma'r dyn <u>sy'n siarad Sbaeneg</u>.**

SUBJECT – the doer or initiator of the action of the verb in a sentence: *<u>the cat</u> stole the sausages,* **mae <u>Dylan</u> wedi colli'r allweddi.**

SUBORDINATE CLAUSE – a sentence within a sentence: see RELATIVE CLAUSE and 'THAT'-CLAUSE; subordinate clauses have their own verb.

SUPERLATIVE – the form of an adjective that means 'most': *smallest, heaviest, most interesting,* **lleia, tryma, mwya diddorol.**

TENSE – the indication of when a verb action takes place, e.g. present, future.

'THAT'-CLAUSE – a type of subordinate clause involving reported or indirect speech: *he said <u>that he would be along later</u>,* **dw i'n meddwl <u>fod y trên yn hwyr</u>.**

VERB – usually the action or 'doing' word in a sentence: *write, speak, play,* **ysgrifennu, siarad, chwarae**; also words denoting an ongoing state or mental process: *be, feel, think,* **bod, teimlo, meddwl.**

VERBNOUN – in Welsh, the basic (dictionary) form of the verb: **aros, ymddiswyddo, darlledu.**

Chapter 1: Hysbysebion

Let us start our journey together with a few easy pieces – this first one comprises two chirpy little advertisements aimed at young children (or more likely their parents) for a CD and a comic. I like them – they remind me of my childhood in Cwmcysglyd.

No vocabulary (*Geirfa*) has been given for these simple pieces, but a number of vocabulary items are picked up for comment in the notes following. The notes for the first half-dozen or so preliminary texts cover some fairly basic points and principles at this early stage in the hope that this will help less advanced readers and those still in the process of feeling secure with basic Welsh grammar to get themselves up to speed for what will soon confront them.

<u>oed</u> 'years old' – this word is used (rather than **oedran** which is the normal word for 'age' = 'years of life' – **Beth ydy'ch oedran chi?** 'How old are you?') after numbers; **pump oed** 'five years old'. Optionally you can add the word **blwydd** 'years' between the number and the **oed**, so for example **pum ⁿmlwydd oed** – but as you can see this brings with it certain mutation difficulties. It's **pum ⁿmlwydd** and **naw ⁿmlwydd**, for example, but **dwy °flwydd** and **chwe blwydd**. ⇒ MW 176, ⇒ BW U32

<u>caneuon</u> 'songs' – a good example of the need to learn Welsh plural formations, which are far more varied than in English and in many cases simply have to be learnt; **caneuon** is the plural of **cân** 'song', and good dictionaries will tell you so (in the Welsh–English side). The good news, however, is that two or three plural endings – notably **-au** and **-iau** – cover the majority of words. ⇒ MW 56–89, ⇒ BW U2

<u>newydd sbon</u> 'brand new' – a set phrase you should learn as a one-off.

<u>geiriau</u> 'words' – from **gair**, so another tricky plural, this one involving (as quite a number do) a combination of ending (**-iau**) + change of root vowel (**gair** > **geir**-).

<u>i gyd</u> 'all' – a set phrase to be learnt as a one-off. You will only ever encounter **gyd** as a word in its own right in this phrase, always preceded by **i**; and it always means 'all'. Note, however, that it comes after the word it refers to: **geiriau i gyd** 'all words', **y plant i gyd** 'all the children'. There is another word for 'all' – **holl** – which is placed before the word referred to – **yr holl °blant** (note SM) – but it is more restricted in use: for example, you can say **chi i gyd** 'all (of) you', or **y lleill i gyd** 'all the others', but you can't say *holl chi or *yr holl leill. So stick to **i gyd**.

<u>tu °fewn</u> 'inside', 'within' – one of a set of location words using **tu** 'side' (but watch out, the normal word for 'side' is **ochor**) + a preposition; **°fewn** is of course **mewn** 'in' – other words of this family include **tu allan** 'outside', **tu °fas** 'outside', **tu ôl** 'behind' and **tu hwnt** 'beyond'. They use a linking **i°** when you add a noun – so **tu °fewn i'r llyfr** 'inside the book', **tu ôl i'r adeilad** 'behind the building'. ⇒ MW 422

<u>y CD yma</u> 'this CD' – normal use of **yma** 'here' to mean 'this'; similarly **yna** for 'that': **y CD yna** 'that CD'. You need to use the definite article before the noun when saying 'this (something)' or 'that (something)' in Welsh. **yma** and **yna** can be shortened to **'ma** and **'na**, and can be used with both singular and plural nouns: **y °gadair 'ma** 'this chair', **y cadeiriau 'ma** 'these chairs'. If you just want to say 'this' or 'that' on its own, however, you can't use this construction because there's no noun to attach the **y** and the **'ma/'na** to – in this case you need **hwn** and **hwnnw** (masculine), **hon** and **honno** (feminine). ⇒ MW 117, 136, ⇒ BW U1, U6

<u>eraill</u> 'other' (plural) – a rare example in the modern language of a plural adjective; the singular is **arall**, so **CD arall** 'another CD' but **CDs eraill** 'other CDs'.

<u>ar y °we</u> 'on the web'; 'website' is **gwefan**.

<u>Llond lle</u> 'packed (with)' – but literally this means 'a placeful'; **llond** is used with other words in the same way: **llond llwy** 'a spoonful', **llond ceg** 'a mouthful'.

°**bob mis** 'every month' – note the SM on this phrase because it indicates 'time when'.

dim ond 'only' – the usual phrase for this: learn as a one-off. There is another phrase **yn unig**, but of more restricted use, though they are often interchangeable, e.g. **dim ond pum punt** or **pum punt yn unig** 'only five pounds'; **dim ond** is frequently shortened to **'mond** in speech: **'mond i ti** °**ofyn** 'you have only to ask'. ⇒ MW 435

Ar °**werth** 'on sale' – learn as a one-off; similar expressions with **ar** include **ar** °**goll** 'lost', **ar** °**dân** 'on fire', **ar** °**glo** 'locked'. ⇒ MW 426

ar °**draws** 'across' – a compound preposition which splits when used with a pronoun; so **ar** °**draws Cymru** 'across Wales' but **ar ei** °**draws e** 'across him/it'. Other common compound prepositions are **ar** °**gyfer** 'for', **yn lle** 'instead of' and **ar ôl** 'after'. ⇒ MW 475–476, ⇒ IW U25

Os na °**allwch ei** °**weld** 'If you can't see it' – 'if' is **os**, and 'if . . . not' is **os na**° (or AM where possible with some speakers); **gallwch** 'you can', therefore **os na** °**allwch** 'if you can't'. **Gallu** is followed by a VN, and the possessive **ei**° is used in front of the VN **gweld** 'see' to provide the object 'it'. ⇒ MW 287, 309, ⇒ IW U17

O[e]s nad oes siop (first word a misprint or error for **Os**) 'If there is no shop'.

gallwch archebu 'you can order' – you can see here how the pronouns (in this case **chi** 'you') can be omitted when the verb ending makes everything clear anyway; still, **gallwch chi archebu** would have been OK as well. ⇒ MW 328, ⇒ IW U3

gofynnwch, e-°**bostiwch** – plural command forms, which in Welsh always end in -wch; but not all verbs ending in -wch are command forms, see note immediately above. ⇒ MW 377–381, ⇒ BW U24

Exercise 1 (laughably easy, I think)

Answer in English:

1 What age group is the CD aimed at?
2 What three types of item appear in the pages of the magazine?
3 What is the theme of the CD?
4 What do readers get on the magazine cover?
5 How often do they get them?
6 What three ways are there of obtaining the magazine?

Exercise 2

*Decide whether the following statements in Welsh are true (**cywir** – C) or false (**anghywir** – A):*

1	Mae *WCW*'n dod allan bob wythnos.	C/A
2	At blant ysgol gynradd mae'r CD wedi'i anelu.	C/A
3	Mae'r CD yn cynnwys geiriau i'r holl ganeuon.	C/A
4	Mae *WCW* ar werth ledled Cymru.	C/A

Chapter 2: Band Eang

An advertisement for a broadband (**band eang**) service for customers living in Wales. The language is pretty standard modern Welsh of normal formality, with no obviously literary features, as indeed we would expect for material aimed at normal people. (That didn't come out quite right – but you know what I mean.)

It includes numerous examples of the easy facility of Welsh to adapt to the needs of modern technology and create vocabulary for new concepts. While some well-established loanwords from English are to be found in this piece – for example **grant**, **prosesu**, **tîm** – other relatively new concepts are expressed by Welsh words, for example **lloeren**, **caledwedd**, **gosod** (in the sense of 'instal').

Geirfa

manteisio ar° – take advantage of
cynnig – offer
unigryw – unique
cynllun – plan
cefnogi – support
caledwedd – hardware
gosod – set, put; instal
dibynadwy – reliable, dependable
lloeren – satellite

derbyn – receive
cyflym – fast
cymwys – suitable; eligible
cais – application
sicrhau – make sure, ensure
galwad – call
cysylltu – contact
gwybodaeth – information

<u>**os ydych chi'n byw**</u> 'if you live'

<u>**pam na °fanteisiwch chi ar°**</u> 'why don't you take advantage of' – **pam na°** (or AM where possible with some speakers) + future is the normal way of saying 'Why don't you . . . ?' to make a suggestion. The short future (i.e. with endings as above) is more common in this construction. Further examples: **Pam na °ddewch chi draw?** 'Why don't you come round?', **Pam na ffoni di fo?** 'Why don't you phone him?' ⇒ MW 311

<u>**am °ddim**</u> 'free' (literally 'for nothing') – learn as a one-off.

<u>**ac yna**</u> 'and then' – the primary meaning of **yna** is 'there', but it has another common use as 'then' in the sense of 'subsequently', as here; and as an equivalent of the English follow-up tag 'then', as in 'Phone him, then' – **Yna ffoniwch fo** – note, however, than **yna** cannot come at the end here, but only at the beginning. ⇒ MW 408

<u>**ble bynnag yr ydych yng ⁿNghymru**</u> 'wherever you are in Wales'

<u>**does dim rhaid**</u> 'there's no need' – specifying a person here would need an additional **i°**: **does dim rhaid iddo fe** 'he needn't'. The affirmative version 'must' is **Mae rhaid . . .** or simply **Rhaid . . .**, and the question is **Oes rhaid . . . ?** All are used with a following VN. 'Must not' is **Rhaid i . . . °beidio.** ⇒ MW 349–352, ⇒ BW U34

<u>**aros rhagor**</u> '(to) wait any longer' – **rhagor** means 'more' and is normally a quantity word: **Wyt ti eisiau rhagor?** 'Do you want some more?' **Rhagor o °goffi** 'more coffee'. But here it is adverbial, meaning 'any more', 'any longer' – another example: **Dan ni °ddim yn eu gweld nhw rhagor** 'We don't see them any more'.

<u>**mwy na**</u> 'more than' – **mwy** is another word meaning 'more' – used particularly with comparison of adjectives (**mwy cyfforddus** 'more comfortable') and with numerical quantities, as here. ⇒ MW 103, ⇒ IW U5

<u>**miliwn o °bobl**</u> 'a million people' – large numbers used with nouns have an intervening **o°**; actually, this is generally true of numbers right down to the very low ones – while 'two cats' is **dwy °gath**, 'seven cats' is usually **saith o °gathod.** ⇒ MW 161, ⇒ BW U31

Rhaid i chi °fod 'You must be' – see note on **does dim rhaid** above.

ein tîm Cymraeg eu hiaith 'our Welsh-speaking team' – the phrase **Cymraeg eu hiaith** (literally 'Welsh their language') functions here as an adjective, describing **tîm**.

°fod eich grant yn cael ei °brosesu 'that your application is processed' – literally 'that your grant gets its processing'; this is the normal way in Welsh of expressing the passive, and consequently **cael** + possessive + VN is always a sure sign of the passive. ⇒ MW 362–363, ⇒ IW U21

Rhowch °alwad 'Give (us) a call' – SM after imperative (command) forms, because of an underlying subject (i.e. **Rhowch (chi) °alwad** '(You) give a call').

ar °frys 'urgently'; 'straight away'. This phrase, which comes from **brys** 'haste' (cf. **brysio** 'hurry') should be learnt as a one-off. It also means 'in a hurry': **Dim nawr, dw i ar °frys!** 'Not now, I'm in a hurry!' Useful in encounters with chuggers trying to get your bank details off you in broad daylight on the high street, I always find.

| Exercise 1

Answer in English:

1 How long do you get free broadband for under this plan?
2 What method of receiving broadband is being promoted here?
3 Do you have to live in Wales to apply?
4 Are there any exclusions?
5 Where are the help team based?
6 What is the main selling point of this broadband service?

| Exercise 2

*Decide whether the following statements in Welsh are true (**cywir** – C) or false (**anghywir** – A):*

1	Dim ond pobol sy'n byw yng Nghymru all fanteisio ar y cynnig.	C/A
2	Fe allwch chi drafod y cynllun ar y ffôn yn Gymraeg.	C/A
3	Mae manylion pellach ar gael ar wefan y cwmni.	C/A
4	Mae 'na rai ardaloedd yng Nghymru lle na allwch chi dderbyn y gwasanaeth 'ma.	C/A

Chapter 3: GagaBond

The BBC's online presence is wide and multilingual, and one of those languages is Welsh. These two short pieces come from BBC Cymru's online Arts and Entertainment pages, which report on media events of worldwide interest in accessible and lively Welsh for a modern readership.

With these texts we have our first encounter with properly connected Welsh. Let's remind ourselves of two very basic principles of Welsh word order:

Most basic of all: as generally with Celtic languages, the VERB comes FIRST (or at least in first main position – there are little words and particles that can come in front) in normal sentences, whether statements, questions or negatives. This is a radical difference from most European languages, and you need to get used to it, which you will with practice.

And almost as important: adjectives (mostly) come AFTER nouns, as in French but not as in English.

So with every piece of Welsh we encounter, we must be prepared to look carefully at the word order, and a good starting point with this is to identify the verbs. And remember that Welsh not only has real verbs (usually with endings), but also verbnouns (VNs), which generally appear with a real-verb auxiliary – either some form of the verb 'to be', or occasionally some other verb (there aren't many). Sometimes the VN is used as a noun, in which case it stands on its own.

You will see all these in the two pieces that follow.

Gaga yn Japan

Mae'r °gantores °bop Lady Gaga yn Japan, ar °gyfer cyngerdd elusennol arbennig. Sianel °deledu MTV sy'n trefnu'r cyfan. Ers i °ddaeargryn °daro'r °wlad ym mis Mawrth mae Lady Gaga wedi bod yn gweithio'n °galed i °godi arian. Cafodd trefi a ʰphentrefi cyfan eu dinistrio gan y daeargryn a'r tsunami. Mae Lady Gaga yn awyddus iawn i °roi help i'r °bobl er mwyn iddyn nhw ailadeiladu ei bywydau. Ac mae hi wedi bod yn codi arian mewn sawl ffordd °wahanol. Mae wedi rhyddhau albwm elusennol a ʰchrysau-T arbennig. Yn ystod y °daith mi °fydd hi hefyd yn ymddangos ar °raglenni teledu i hyrwyddo ei halbwm diweddaraf "Born this Way". Bydd yn teithio i Taiwan nesaf ac mae disgwyl i Lady Gaga °fod yn Japan tan y ıaf o °Orffennaf.

Bond yn ei ôl!

Mae Bond yn ei ôl! Ac mi °fydd y ffilm °ddiweddaraf yn cael ei rhyddhau cyn diwedd 2012! Fe °wnaeth stiwdio ffilm MGM a ʰchynhyrchiadau EON y cyhoeddiad °ddydd Mawrth. Oherwydd materion ariannol doedd y gwaith ffilmio ar gyfer y ffilm °ddim wedi dechrau. Hon °fydd ffilm rhif 23 yng ⁿnghyfres anturiaethau James Bond. Yn ôl y °wybodaeth °ddiweddaraf mi °fydd y gwaith ffilmio yn cychwyn cyn diwedd y °flwyddyn. Ac unwaith eto'r seren Daniel Craig °fydd yn chwarae rhan Bond, a hynny am y 3ydd tro! A Sam Mendes, gŵr sydd eisoes wedi ennill Oscar, °fydd yn ei ʰchyfarwyddo!

(BBC Cymru)

Geirfa

cantores – singer	**ymddangos** – appear
cyngerdd – concert	**rhaglen (-ni)** – programme
elusen – charity	**hyrwyddo** – promote
daeargryn – earthquake	**disgwyl** – expect
taro – strike, hit	**cynhyrchiad (-au)** – production
cyfan – whole	**cyhoeddiad (-au)** – publication
dinistrio – destroy	**ariannol** – financial
awyddus – keen, eager	**cyfres** – series
ailadeiladu – rebuild	**anturiaeth (-au)** – adventure
rhyddhau – release	**cychwyn** – begin
crys-T (crysau-T) – T-shirt	**unwaith eto** – once again
taith – trip, journey	**cyfarwyddo** – direct

'r °gantores °bop 'pop singer' – the noun **cantores** takes SM after the definite article because it's feminine singular; and the adjective **pop** takes SM because it's used with a feminine singular noun. ⇒ MW 28, 102, ⇒ BW U5, U8

ar °gyfer 'for' – a very common compound preposition, used for all sorts of instances of 'for' in the modern language. ⇒ MW 475–476, ⇒ IW U25

Sianel °deledu MTV sy'n trefnu'r cyfan – a focused sentence (the neutral or non-focused version of this sentence would start with a verb, and would look like this: **Mae'r sianel °deledu MTV yn trefnu'r cyfan**), highlighting the television company as the important and new information (we know someone must be organising it, we just didn't know who); new or focused information is sent to the start of the sentence in Welsh, which is what we have an example of here; in English this would probably be turned round to create the same focused effect: 'The whole thing is being organised by the MTV television channel.' ⇒ MW 17–21, ⇒ IW U32

ers i °ddaeargryn °daro'r °wlad 'since an earthquake struck the country' – **ers**, like other time words, has a linking **i°** when there is a subject and verb expressed, and the verb is in the plain VN form. Here **daeargryn** is the subject (SM after linking **i°**), followed by VN **taro** (SM after subject). Other common time words that do this are **cyn** 'before', **ar ôl** 'after', **nes** 'until', **wrth** 'as', 'while' – examples: **cyn inni °fynd** 'before we go', **ar ôl i'r siaradwr °gyrraedd** 'after the speaker arrives', **nes iddyn nhw °gytuno** 'until they agree', **wrth i'r sefyllfa °waethygu** 'as the situation deteriorates'. There is no tense specified in this construction (VNs are neutral for tense), so the translation can vary according to context – in other words, **cyn inni °fynd** could also mean 'before we went'. ⇒ MW 501, ⇒ IW U30

er mwyn iddyn nhw 'in order for them (to)' – **er mwyn** is a compound preposition meaning 'for the sake of' (e.g. **er mwyn y plant** 'for the sake of the children', **er ei mwyn hi** 'for her sake'), but also with verbs to mean 'in order to' as here. ⇒ MW 475–476, 501, ⇒ IW U25, U30

mae hi wedi bod yn codi arian 'she has been raising money' – note how the ordinary present perfect **mae hi wedi codi arian** 'she has raised money' is converted to a progressive meaning by insertion of **bod yn** after the **wedi**. ⇒ MW 289, ⇒ BW U37

cafodd . . . eu dinistrio – passive. ⇒ MW 362–363

sawl ffordd °wahanol 'a number of different ways' – **sawl** can be used in questions to mean 'how many?' **sawl llyfr sy 'na?** 'how many books are there?', or, as here, in statements to mean 'a number of'. Either way it is used with a singular noun.

yn ystod 'during' – a compound preposition.

ei halbwm diweddaraf 'her latest album' – remember that the possessive **ei**[h] not only causes AM, but also prefixes an 'h' to words beginning with a vowel. ⇒ MW 109, 112. The ending **-af** on adjectives is a mark of the superlative, i.e. 'most . . .' or '. . . -est'; the **-f** is often dropped in speech – **diweddara**. ⇒ MW 103, ⇒ IW U5

Mae disgwyl i Lady Gaga °fod 'Lady Gaga is expected to be' – literally 'There is an expectation for Lady Gaga to be . . .'

Mae Bond yn ei ôl 'Bond is back' – the basic term for 'back' in this sense is **yn ôl** (**Rhowch yr arian yn ôl** 'Give the money back', **Dewch yn ôl yn °fuan** 'Come back soon'); sometimes when a person is specified the corresponding possessive (here **ei** 'his') is included – it's not obligatory, and **Mae Bond yn ôl** is OK as well. A few lines further down we encounter the other main meaning of **yn ôl**: 'according to'.

cael ei rhyddhau – passive. ⇒ MW 362–363

oherwydd 'because of' – no need for a separate word for 'of', as so often the case in Welsh; **oherwydd y rhyfel** 'because of the war'. Note also **o'r herwydd** 'because of this/that'. **Oherwydd** can mean 'because' but this is more usually done with **achos**. ⇒ MW 504

Hon °fydd ffilm rhif 23 – focused sentence.

sydd – variant of **sy** ('who/which is/are'), perhaps slightly more formal. ⇒ MW 229, ⇒ IW U35

eisoes 'already' – a more common phrase for this is **yn °barod**, but this would more likely go at the end – **gŵr sydd wedi ennill Oscar yn °barod.**

Exercise 1

Answer in English:

1   What does Lady Gaga want to help people to do?
2   When will filming on the new Bond film begin?
3   Why was filming late starting?
4   What items has Lady Gaga released in support of this charity work?
5   What time of year did the earthquake hit?
6   How many times does this make it that Daniel Craig has played Bond?
7   Apart from the concert, what will Lady Gaga be doing during her trip to Japan?
8   When will Lady Gaga leave Japan?

Exercise 2

*Decide whether the following statements in Welsh are true (**cywir** – C) or false (**anghywir** – A):*

1   Mae Lady Gaga am helpu pobol i ffeindio gwaith.   C/A
2   Mae MTV yn trefnu cyngerdd arbennig.   C/A
3   Mae gan gyfarwyddwr y ffilm newydd Oscar ar ei silff.   C/A
4   Fe gafodd y gwaith ffilmio ei ohirio.   C/A

Chapter 4: Gŵyl Glastonbury

Here is a further short piece from the BBC's Welsh-language online presence – this one deals with an annual event held not far from the Welsh border, in a locality with strong historical and legendary resonance for students and aficionados of Britain's Celtic past. The Welsh name for Glastonbury is **Ynys Wydryn** ('Isle of Glass' – probably a misinterpretation of the first syllable of the English name, whereas what we're really dealing with here is probably a personal name Glesting, or similar), but it has strong associations with **Ynys Afallon** – Avalon! About 900 years ago some monk claimed to have dug up King Arthur himself there. I'm not so sure.

Gŵyl Glastonbury

Bydd Gŵyl °Gerddorol Glastonbury yn cychwyn °ddydd Mercher. Eleni mae disgwyl i 177,000 o °bobl °deithio yno. Mae'r °wŷl yn cael ei ʰchynnal ar Worthy Farm yng ⁿNgwlad yr Haf. Un o'r prif °fandiau °fydd yn perfformio °fydd U2. Roedd y band i °fod i °berfformio yn yr °wŷl yn 2010. Ond yn anffodus fe °fethon nhw â gwneud hynny oherwydd bod y prif °leisydd Bono wedi anafu ei °gefn. Dywedodd Bono ei °fod yn siomedig bod y band wedi methu perfformio yn yr °wŷl y llynedd. Tydy'r grŵp heb °benderfynu eto pa °ganeuon °fyddan nhw'n perfformio. Mae disgwyl i'r tywydd °fod yn °gymysgedd o heulwen a glaw yn ystod y penwythnos. Gyda llawer o °bobl yn mynd i'r °wŷl mae'n °bosib bydd rhaid ciwio yn hir am y toiledau! Ond does dim angen poeni y bydd y papur tŷ bach yn rhedeg allan cyn i chi °gyrraedd, gan y bydd papur toiled ar °gael am °ddim i'r °dorf. Os na °fyddi di yn mynd i'r °wŷl yna mae modd i ti °wylio'r cyfan ar y BBC ar y teledu, radio ac ar-lein.

Geirfa

gŵyl – festival
cerddorol – musical
cynnal – hold (event)
Gwlad yr Haf – Somerset
anffodus – unfortunate
methu – fail
lleisydd – vocalist
anafu – injure

siomedig – disappointed
cymysgedd – mixture
heulwen – sunshine
torf – crowd
modd – way, method
gwylio – watch
ar-lein – online

°**ddydd Mercher** 'on Wednesday' – time expressions like this use SM to indicate 'time when' something happens; similarly, for example, °**bob mis** 'every month', °**flynyddoedd yn ôl** 'years ago'. ⇒ MW 403, ⇒ BW U32

eleni 'this year' – this is one of a small number of single words for certain time expressions; others are (**y**) **llynedd** 'last year', **heno** (or **heno 'ma**) 'tonight', **neithiwr** 'last night', **yfory** 'tomorrow', **heddiw** 'today' and **ddoe** 'yesterday'. Otherwise, **diwetha** 'last', **'ma** 'this' and **nesa** 'next' are used much as in English: **y** °**flwyddyn nesa** 'next year', **wythnos diwetha** 'last week'. ⇒ MW 402

cael ei ʰ**chynnal** – passive; the AM is because **ei** refers to a feminine (**gŵyl**), which you can tell is feminine from the start of this sentence, where it is mutated after the word for 'the' (**mae'r** °**ŵyl**).

prif° 'main', 'chief'; a rare example of an adjective that always precedes the noun. ⇒ MW 96

i °**fod i** 'supposed to' – learn this phrase as a one-off. Examples: **Dan ni i** °**fod i aros fan hyn** 'We're supposed to wait here', **Beth mae hynny i** °**fod i** °**feddwl?** 'What's that supposed to mean?'

yn anffodus 'unfortunately'; remember that one of the many functions of **yn**° is to form adverbs from adjectives – so **anffodus** 'unfortunate', **yn anffodus** 'unfortunately'; **gofalus** 'careful', **yn** °**ofalus** 'carefully'. ⇒ MW 401, ⇒ BW U36

fe °**fethon nhw** 'they failed' or 'they didn't manage' – note the affirmative particle **fe**°, optional but very commonly used in front of verbs with endings to indicate a statement (rather than a question or negative); a different particle **mi**° is used in exactly the same way – the difference between them is essentially regional. ⇒ MW 213, ⇒ BW U18. **Methon nhw** is the normal preterite I (endings) form of **methu**; remember that there are two other ways of doing the simple past tense in Welsh, both with auxiliary verbs rather than endings – preterite II **naethon nhw** °**fethu**, preterite III **ddaru nhw** °**fethu**. ⇒ MW 292–303, ⇒ BW U25, ⇒ IW U10

hynny 'that' – this pronoun is used here rather than **hwnnw** (m) or **honno** (f), because it refers not to an object (which could be identified as either masculine or feminine) but to an abstract idea, namely 'performing in the festival in 2010'; **hwnnw** and **honno** (and the variants **hwnna** and **honna**) really mean 'that one'. Similarly with **hyn** 'this' instead of **hwn** and **hon**: **Beth am hwn/hon?** 'What about this one?' vs **Beth am hyn** 'What about this?' ⇒ MW 136–137

ei °**fod** (or **ei** °**fod e**, or °**fod e**) 'that he is/was' – the normal way of doing reported speech (or 'that . . .'-clause) where the original verb was part of the verb 'to be' – **Roedd e'n siomedig** 'He was disappointed' > . . . **ei** °**fod e'n siomedig** '. . . that he was disappointed'. ⇒ MW 487, ⇒ IW U11. Reported speech patterns in Welsh are trickier than in English, and must be mastered for fluency of speech and reading. ⇒ MW 486–497, ⇒ IW U12, U13

Tydy'r grŵp heb °benderfynu 'The group have not decided' – **tydy** is the same as **dydy** (present negative third person singular of **bod**), usually with °**ddim** though not here because it is included in the **heb**, for the following reason: **heb °benderfynu = °ddim wedi penderfynu** – in other words, you can often 'shortcut' °**ddim wedi** + VN to **heb** + °VN, i.e. 'they are without deciding' for 'they haven't decided'. ⇒ MW 269, 458

bydd rhaid ciwio '(people) will have to queue' – **rhaid** can be used without reference to person in Welsh, while English usually requires something to be added, or else gets all clumsy and says 'There will be a need to queue', which is scarcely English anyway. If a person were to be specified in the Welsh, it would require **i**° and SM of the verb as well: **bydd rhaid i °bawb °giwio** 'everyone will have to queue'. ⇒ MW 349, ⇒ BW U34

gan 'since/because/as' – in this meaning **gan** is a conjunction rather than a preposition, and is followed by a 'that'-clause: **gan y bydd papur toiled ar °gael** 'as toilet paper will be available'; or in the present: **gan °fod papur toiled ar °gael**. ⇒ MW 504. The phrase **ar °gael** 'available' should be learnt as a one-off. ⇒ MW 426

os na °fyddi di'n mynd 'if you're not going' or 'if you won't be going' – Welsh uses the future more often in 'if'-clauses than does English, though the present would also be OK here: **os nad ydych chi'n mynd**. Notice that **os** prefers a **na** for negative rather than °**ddim** – **os °fyddi di °ddim yn mynd**, while not exactly wrong, sounds a bit dodgy. Well, it does to me, at least. Stick to **na** with **os**. ⇒ MW 309

| Exercise 1

Answer in English:

1 Why did U2 pull out of the festival in 2010?
2 What decision have they yet to make for this year?
3 What proportion of the festival will be broadcast by the BBC?
4 What will be the toilet paper arrangements?
5 Is it going to be wet or dry for the festival?
6 When will the festival start?

| Exercise 2

*Decide whether the following statements in Welsh are true (**cywir** – C) or false (**anghywir** – A):*

1 Bydd Gŵyl Glastonbury'n dod i ben ddydd Mercher.   C/A
2 Doedd U2 ddim eisiau perfformio yn 2010.   C/A
3 Bydd tywydd heulog drwy gydol yr ŵyl eleni.   C/A
4 Fydd dim papur toiled o gwbl ar gael yn yr ŵyl.   C/A
5 Disgwylir i fwy na dau gan mil o bobol ddod i'r ŵyl.   C/A
6 Dim ond dau doiled fydd ar gael yn yr ŵyl, fel arfer.   C/A

Chapter 5: Caru Dysgu'r Gymraeg

This article from the Welsh-language weekly newspaper *Y Cymro* reports on an upcoming series produced by the Welsh-language television channel S4C to further promote the learning of Welsh as a second language. In the last twenty years, and particularly since devolution and the transfer of many powers to the *Cynulliad* (Welsh Assembly) in Cardiff, the profile of the language has been raised in all spheres of public life, and getting famous faces on side like this is an obvious way to encourage more people to take the plunge – which indeed they are.

As typically for *Y Cymro*, the style of language is somewhat more formal than is found in, say, *Golwg* – you will notice the negative **ni**, for example, and third person plurals ending in -**nt** – but on the whole the tone of the article and structure of the sentences are fairly standard.

Because **dysgu** means both 'learn' and 'teach', the headline on this article has a deliberate double meaning.

Caru dysgu'r Gymraeg

MAE wyth o bobl adnabyddus yn paratoi i dreulio wythnos ddwys yn dysgu Cymraeg mewn gwersyll ecogyfeillgar yn Sir Benfro ar gyfer cyfres S4C, cariad@iaith:love4language

Ni all y Sianel ar hyn o bryd ddatgelu enwau'r wyth dysgwr a fydd yn treulio wythnos yn wynebu gwahanol heriau ieithyddol yng ngwersyll trawiadol Fforest, Cilgerran, Sir Benfro. Fe fyddan nhw'n cyrraedd y gwersyll ddydd Sadwrn, 9 Gorffennaf.

Bydd y camerâu'n dilyn y dysgwyr Cymraeg newydd wrth iddynt astudio Cymraeg am bedair awr bob dydd o dan arweiniad y cyflwynydd a'r tiwtor iaith Nia Parry a'r tiwtor iaith blaenllaw Ioan Talfryn.

Fe fydd y gyfres, a ddarlledir dros wythnos gyda Gareth Roberts yn cyflwyno, yn dilyn y sêr mewn sioeau nosweithiol awr o hyd.

Mae'r wythnos, sy'n dechrau gyda rhaglen i lansio'r gyfres ar S4C ddydd Gwener, 8 Gorffennaf am 8.25yh, yn cyrraedd ei hanterth gyda seremoni wobrwyo arbennig nos Wener, 15 Gorffennaf.

Bydd y sioe yn cyd-redeg ag Wythnos Dysgu Cymraeg S4C pan fydd y Sianel yn cydweithio gyda sefydliadau, newyddiadurwyr a chwmnïau i greu fwy o ddiddordeb fyth yn yr iaith Gymraeg.

Mae'r gyflwynwraig fyrlymus a'r tiwtor iaith Nia Parry yn edrych ymlaen yn arw at sialens y gyfres cariad@iaith.

Meddai: "Ni allwn ddatgelu'r enwau eto ond gallaf gadarnhau y byddan nhw'n gymysgedd liwgar, ddeinamig o bobl adnabyddus. Fe fydd ganddyn nhw eu rhesymau personol eu hunain dros ddysgu Cymraeg ond fe allaf eich sicrhau eu bod i gyd yn gystadleuol ac yn frwd iawn. Fe ddylai fod yn wythnos ddiddorol iawn inni a'n gwylwyr ac rwy'n edrych ymlaen yn eiddgar at y profiad."

Nia Parry

Geirfa

adnabyddus – well-known
treulio – spend (time)
dwys – intensive
gwersyll – camp
cyfeillgar – friendly
datgelu – reveal
wynebu – face (v)
her – challenge
ieithyddol – linguistic
trawiadol – striking
astudio – study
arweiniad – leadership
cyflwynydd – presenter
blaenllaw – prominent
darlledu – broadcast
sioe (-au) – show
noswaith – evening

hyd – length
anterth – zenith, culmination
gwobrwyo – award prizes
cydweithio – collaborate
sefydliad (-au) – institution
newyddiadurwr – journalist
creu – create
diddordeb – interest
byrlymus – bubbly
yn °arw – greatly, awfully
cadarnhau – confirm
lliwgar – colourful
rheswm (rhesymau) – reason
cystadleuol – competitive
brwd – keen
eiddgar – eager
profiad – experience

<u>**treulio**</u> – used for spending time; spending money is **gwario**.

<u>**mewn**</u> 'in' – remember the difference between the two words for 'in': **yn** and **mewn**; **yn** is used with specific things – mainly words used with the definite article, and proper names – while **mewn** is used with non-specific things. Compare: **yn yr ysbyty** 'in the hospital' (speaker has a particular one in mind) and **mewn ysbyty** 'in a hospital' (not specified which). This is the reason we never use **mewn** with place names – we always say, for example (on the same line in the text), **yn Sir °Benfro** 'in Pembrokeshire' because the whole point about proper names is that they identify specific places (and people). You would only say **mewn Sir °Benfro** in the same unusual circumstance that you might say 'in a Pembrokeshire' in English – say, 'in a Pembrokeshire without trees' – referring to some hypothetical type of Pembrokeshire that doesn't actually exist. And you'll never ever see *mewn y ... ⇒ MW 461, ⇒ BW U16

<u>**Ni °all**</u> 'cannot' – the **ni** negative in front of the verb is a literary style that does not exist in the spoken language, which always uses a following °**ddim**; **ni °all** is the LW equivalent of °**all ... °ddim**, so **Ni °all y Sianel °ddatgelu** = °**all y Sianel °ddim datgelu**. Don't use **ni** for negatives when speaking Welsh, but don't be surprised to see it in print. Remember that **gallu** 'can' has a special present tense, of which °**all** is the mutated third person singular (< **gall**). There is a **ni °allwn** further down in the text – same principle, different person. ⇒ MW 328, ⇒ IW U3

<u>**ar hyn o °bryd**</u> 'at the moment' – learn this common phrase as a one-off. Other useful idioms with **pryd** 'time' include: **ar °brydiau** 'at times', **o °bryd i'w gilydd** 'from time to time' and °**bryd hynny** 'at that time'. ⇒ MW 402, 406

a °fydd 'who will be' – the particle **a°** is used for 'who' and 'which' before verbs other than present tense 'to be' **mae** (which turns into **sy/sydd** instead – see further below); in speech it is often dropped, but the mutation (if there is one) remains – **y dynion (a) ddaeth i mewn** 'the men who came in', **y rhaglen (a) oedd ar y teledu neithiwr** 'the programme which was on the television last night'. ⇒ MW 481, ⇒ IW U14

camerâu 'cameras' – the accent on the **a** shows that we are dealing with a singular word ending in -**a** + plural ending -**au**. While normal plurals in -**au** are pronounced as -**a** or -**e** (roughly North and South respectively), -**âu** is always pronounced as written. ⇒ MW 60 (c)

wrth iddynt 'as they' – **iddynt** = **iddyn nhw**, and is a literary form practically unknown in any type of natural spoken Welsh these last few hundred years. Same goes for any other verb forms (and conjugated prepositions like this example) ending in -**nt** – for example **dylent**, **arnynt**, **maent**, **byddant**; they really end in -**n nhw**: **dylen nhw**, **arnyn nhw**, **byddan nhw**, **maen nhw**. Don't imitate this annoying (and spreading) affectation, however much you see it in print. It's not clever. It's not funny. And the only one you'll be letting down is yourself.

o dan° 'under'; also just **dan°**. Not to be confused with **tan°**, which means 'until'.

a °ddarlledir 'which will be broadcast' – we've just discussed **a°** = 'who/which' above; here it is used with a verb form you will frequently encounter all over the printed and broadcast media: the autonomous or impersonal form. The two most common (used routinely all over the place) are -**ir** (present/future) and -**wyd** (past) – these endings attach to the stem of the verb like any other ending, but are invariable for person; so from **darlledu** we get **darlledir** 'is/are/will be broadcast' and **darlledwyd** 'was/were broadcast'. The -**ir** ending changes an -**a**- in the preceding syllable to -**e**-, so from **talu** 'pay' we get **talwyd** 'was/were paid' but **telir** 'is/are/will be paid'. These neat and useful forms usually correspond to the English passive, and are much favoured for their conciseness – you'll never need to use them in speech (unless you get a job reading the news on S4C – don't look like that, it could happen) but you'll see them in print everywhere, and hear them on the news. I think you should embrace them. ⇒ MW 367–374, ⇒ IW U23

awr o hyd – take these three words together, and look in the *Geirfa*.

sy'n dechrau 'which starts' – here is an example of what was mentioned above about **mae** turning into **sy** when we need to add a 'who' or 'which'; **mae'n dechrau** 'it starts' becomes **sy'n dechrau** 'which starts', ⇒ MW 229, 479, ⇒ IW U15, U35; with any other verb than **mae**, we would use the **a°** particle instead: **bydd yn dechrau** 'will start' becomes **a °fydd yn dechrau** 'which will start'; **dechreuodd ddoe** 'started yesterday' becomes **a °ddechreuodd ddoe** 'which started yesterday'. ⇒ MW 481, ⇒ IW U14

ag – whenever you see this word, it's just **â** 'with', but before a vowel. Do not confuse with **ac**, which is **a** 'and', but before a vowel.

mwy o° . . . **fyth** 'even more . . .' – **fyth** in this use with comparatives has a fixed SM; further examples: **oerach fyth** 'even colder', **pwysicach fyth** 'even more important', **mwy trawiadol fyth** 'even more striking'. ⇒ MW 104 (c), ⇒ IW U5

edrych ymlaen at° 'look forward to' – learn this common idiom.

meddai 'says/said' – this generally invariable quotative verb (also spelt **medde**) is used instead of **dwedodd** (etc.) when actual words are quoted – whether with inverted commas or not; sometimes you come across **medd** as well – same difference. ⇒ MW **392**

gallaf 'I can' – LW for **galla i**.

ganddyn nhw – remember that all the common prepositions have verby-like endings when used with pronouns, and **gan°** is no exception; **ganddyn nhw** is **gan + nhw**. ⇒ MW **455**. Notice that this speaker kicks off her first sentence with a deliberately LW **ni °allwn**, but forgets to follow through with **ganddynt** barely twenty seconds later. I'm easy with that. But surely she could have simply kicked off with **°allwn ni °ddim** and maintained consistency? Couldn't she? Surely?

eu bod 'that they are' – a shortening of **eu bod nhw**, as is the equally used **bod nhw**. ⇒ MW **487**, ⇒ IW UII

| Exercise 1

Answer in English:

1   How many celebs are taking part in this series?
2   How long will each show be?
3   What have the celebs got to do?
4   At what time of day will the shows be broadcast?
5   What is special about the location for these broadcasts?
6   Apart from the learners, how many people will be on-screen?
7   How long will the series last?
8   What's happening on Saturday 9th July?
9   And what's happening on the 8th?
10 And what's happening on the 15th?
11 What S4C event is this series being transmitted in conjunction with?
12 How does Nia feel about the week to come?

| Exercise 2

*Decide whether the following statements in Welsh are true (**cywir** – C) or false (**anghywir** – A):*

1	Mae'r celebs i gyd yn frwd iawn.	C/A
2	Bydd pob rhaglen yn y gyfres yn para am awr.	C/A
3	Bydd y celebs yn treulio dwy wythnos yn dysgu Cymraeg.	C/A
4	Bydd y gwersi'n digwydd mewn gwersyll yng ngogledd Cymru.	C/A
5	Tydi Nia ddim yn fodlon dweud pwy yn union fydd yn cystadlu.	C/A
6	Am dair awr bob dydd y bydd y celebs yn astudio'r iaith.	C/A

Chapter 6: Gwefan heb Gymraeg

Articles and reports concerning the public use and status of Welsh are common in the Welsh-language media, particularly instances where the language's official status is perceived as not being taken seriously, or as neglected, by some prominent organisation. This piece from *Golwg* magazine targets no less an institution than Bangor University in the Welsh heartlands of the north-west – one of its departments has slipped up bigtime on their website.

Gwefan heb °Gymraeg yn achosi pryder

Mae galw ar i °Brifysgol Bangor esbonio pam nad yw un o'i gwefannau ar °gael yn y °Gymraeg er ei bod ar °gael mewn chwech o ieithoedd eraill.

Mae'r °wefan 'Food Dudes' gan yr Adran Seicoleg yn annog plant i °fwyta'n iach ac ar °gael yn Saesneg, Ffrangeg, Almaeneg, Sbaeneg, Eidaleg a ʰPhwyleg . . . ond °ddim yn y Gymraeg.

"Mae'r diffyg Cymraeg ar °wefan 'Food Dudes' yn achos pryder," meddai'r AC lleol Alun Ffred Jones sy'n bwriadu sgrifennu at y °brifysgol i °ofyn iddyn nhw °greu fersiwn °Gymraeg o'r °wefan °gyhoeddus.

"Mae'n rhyfedd iawn bod prosiect sydd wedi'i °ddatblygu gan °Brifysgol Bangor, sydd wedi'i °dargedu at °blant ysgol, ar °gael yn Ffrangeg, ond °ddim yn y °Gymraeg. Fe °fydda i'n ysgrifennu at y °Brifysgol i °fynegi'r pryderon hyn ac yn gofyn iddyn nhw sicrhau bod y deunydd yma ar °gael yn y °Gymraeg mor °fuan ag sy'n °bosib.

"Fe °fydda i'n pwysleisio wrth y °Brifysgol unwaith eto pa mor °bwysig ydi hi iddi adlewyrchu natur °ddwyieithog yr ardal yma.

Yn ôl cyn-°gadeirydd Cymdeithas yr Iaith, mae'n rhaid i'r °brifysgol °brofi ei hymrwymiad i'r °Gymraeg.

"Gallech °feddwl mai jôc yw hyn ar ôl hanesion diweddar y °Brifysgol yn ymwneud â'r °Gymraeg," meddai Menna Machreth sy'n °fyfyriwr ymchwil ym ⁿMangor, "ond mae dewis eang o ieithoedd ar °gael heblaw am y °Gymraeg. Mae'n °bryd i'r °Brifysgol °brofi eu hymrwymiad tuag at y °Gymraeg mewn ffordd °weladwy ac ymarferol ac ateb y disgwyliadau arnyn nhw i °barchu natur ieithyddol yr ardal.

"Efallai bod eu bryd ar statws rhyngwladol, ond heb °gefnogaeth °leol ân nhw °ddim yn °bell iawn. Bydd y °Gymdeithas yn ysgrifennu at °Lywodraeth Cymru a ʰChyngor Gwynedd a gofyn iddynt edrych ar yr holl grantiau mae'r °Brifysgol yn derbyn wrth y trethdalwyr."

Er i ni holi nifer o °gwestiynau am Food Dudes, ni ʰchafwyd ymateb gan °Brifysgol Bangor.

Geirfa

gwefan (-nau) – website
achosi – cause
pryder – concern, worry
annog – encourage, urge
iach – healthy
diffyg – lack (n)
cyhoeddus – public
rhyfedd – odd, strange
datblygu – develop
targedu – target (v)
mynegi – express
deunydd – material
buan – soon
adlewyrchu – reflect
dwyieithog – bilingual
ardal – area
cadeirydd – chairman/woman
ymrwymiad – commitment

hanes (-ion) – story
ymchwil – research
eang – broad
heblaw (am°) – apart (from)
gweladwy – visible
ymarferol – practical
disgwyl (-iadau) – expectation
parchu – respect (v)
bryd – mind, intention
rhyngwladol – international
cefnogaeth – support (n)
pell – far
llywodraeth – government
cyngor – council
trethdalwyr – taxpayers
holi – ask
ymateb – respond, response

mae galw ar i . . . esbonio 'there is a call for . . . to explain' – the verbnoun **galw** is used here as a noun; **galw ar°** is 'call for', but notice that the **i°** then comes next, introducing a clause: **i °Brifysgol Bangor esbonio** 'Bangor University to explain'.

pam nad yw 'why . . . is/are not' – remember that **pam** 'why', particularly with negatives, tends to use a 'that'-clause (**na**, or **nad** before vowels in some circumstances, means 'that . . . not'); further examples: **pam na °fyddwch chi'n dod** 'why you won't be coming', **pam na °ddaethon nhw'n ôl** 'why they didn't come back', **pam na ffoniwch chi?** 'why don't you phone?' ⇒ MW 311

sydd wedi'i °ddatblygu '(has been) developed' (literally 'after its developing') – **sydd wedi datblygu** (without the intervening possessive) would mean 'which has developed' – the insertion of the possessive **'i°** (= **ei°**) turns this **wedi-** phrase from active to passive; it usually corresponds to an English past participle, and can be used in the same way as an adjective: **ffenest wedi'i ^hchau** 'a closed window', i.e. a window that has been closed; **tai wedi'u hailadeiladu** 'rebuilt houses'. ⇒ MW 364, ⇒ IW U22

pa mor °bwysig 'how important' – **sut?** means 'how?' = 'in what way?', but if 'how' = 'to what extent', we use **pa mor°**; this combination should be learnt as a one-off. Note also the 'how . . . !' used in exclamations, which is usually done in Welsh with **'na° . . . !**: **'na °bert!** 'how pretty!', **'na neis!** 'how nice!' ⇒ MW 105 (c), 441

ei hymrwymiad 'its commitment' – remember than **ei^h** 'her' (but not **ei°** 'his'), **ein** 'our' and **eu** 'their' prefix an **h-** to a following vowel. ⇒ MW 109

yn ymwneud â[h] 'concerning', 'to do with'; learn also the idiom **does a °wnelo ... °ddim â**[h] ... '... has nothing to do with ...': **does a °wnelo hynny °ddim â gwleidyddiaeth** 'this has nothing to do with politics' – grammar geeks will be tickled to discover that **°wnelo** is a subjunctive, a pretty rare species in modern Welsh.

tuag at° 'towards' – an extended form of **at°**; notice, by the way, that both **i°** and **tuag at°** are used after **ymrwymiad** for 'to' within a few lines of each other in this piece: **ei hymrwymiad i'r °Gymraeg** and **eu hymrwymiad tuag at y °Gymraeg** – this kind of minor variation in preposition use, especially with prepositions of closely related meaning, is not significant.

efallai bod – words for 'perhaps' (others are **falle**, **ella** – both contractions of standard **efallai** – and **hwyrach**, often pronounced **hwrach** in this sense) are usually followed by a 'that'-clause if they start the sentence (they can alternatively be tagged on at the end); so, for example, **efallai** [n]**mod i wedi gwneud camgymeriad** 'perhaps I have made a mistake', **ella bod nhw ar °goll** 'perhaps they're lost', **hwyrach na °ddôn nhw** 'perhaps they won't come'. ⇒ MW 436, 428

ân nhw °ddim 'they won't go' – a normal short future (i.e. future with endings on the stem of the verb itself instead of the long future using **bydd** etc. + VN – which here would be **°fyddan nhw °ddim yn mynd**); this particular short future, however, is irregular, because it comes from **mynd** 'go' – one of a small set of thoroughly misbehaved and naughty little verbs that must be taken firmly in hand if any ease in the language is to be attained; the other miscreants are of course **gwneud** 'do', **dod** 'come' and **cael** 'get'. ⇒ MW 305, ⇒ IW U2

iddynt (LW) = **iddyn nhw**

yr holl grantiau 'all the grants' – two points to note: **holl°** precedes the noun and causes SM – **yr holl °blant** 'all the children'; but short English loanwords beginning with **g-** (like **grant**) resist SM; so we don't say *****yr holl °rantiau**, nor do we park our twin limousines *****mewn dau °arej**, nor will Cwmcysglyd Amateur F.C. ever score *****dwy °ôl** against any of their opponents (highly unlikely in any case, regardless of grammar). ⇒ MW 12 **(e)**

derbyn wrth – the preposition **wrth°** has a wide range of meanings and uses; here with **derbyn** 'receive' it means 'from', while another common use is with **dweud** 'say/tell', where it means the opposite – **dwedwch wrtho fo!** 'tell him!' ⇒ MW 470

er i ni holi 'although we asked' – at the start of this piece we saw **er ei bod ...** 'although it is ...'; but when the main action of the 'although' clause is in the past, we have the option of using **i** + person + °VN; some speakers avoid this and instead retain the **bod**- construction by adding a **wedi** to convey past time: **er bod ni wedi holi** 'although we asked'. ⇒ MW 506, 509

ni [h]**chafwyd** 'was not received' – an excellent example of the neat past impersonal form widely used in the media; this is the one for **cael**, and here it is used with the LW negative particle **ni** in front of it; you could have [h]**chafwyd dim ymateb** at a push. ⇒ MW 367, 368, 373, ⇒ IW U23

Exercise 1

Answer in English:

1 Who is the offending website aimed at?
2 And what is the website promoting?
3 What does Menna Machreth call into question?
4 In what two ways is she described?
5 Which university department is under scrutiny here?
6 What ambition of the university is claimed to be threatened by this row?
7 What languages is the website available in?
8 Who are Gwynedd Council going to get a letter from?
9 And who else is going to get one from the same sender?
10 What is Alun Ffred Jones's job?
11 By when are people demanding that the situation be rectified?
12 What possible sanction against the university is mentioned?

Exercise 2

*Decide whether the following statements in Welsh are true (**cywir** – C) or false (**anghywir** – A):*

1 Doedd y Brifysgol ddim eisiau siarad â *Golwg* ynghylch hyn.   C/A
2 Mae Menna Machreth yn hoff iawn o jôcs, yn enwedig jôcs am y Gymraeg. C/A
3 Yr Adran Seicoleg sy'n gyfrifol am y wefan dan sylw.   C/A
4 Bydd Cymdeithas yr Iaith yn hala llythyr at y Llywodraeth yn Llundain. C/A

Chapter 7: Pendroni

The Welsh language has a lively and very active presence on the blogosphere – much of it political in content. This is an April 2011 piece from *Pendroni* (www.heleddfychan.blogspot. com), a blog by Heledd Fychan, a Plaid Cymru candidate for North Wales in the Welsh elections of May that year – it well conveys the excitement of the final week of campaigning and has a nice immediacy throughout.

The linguistic style, as with blogs generally perhaps, is colloquial and natural, reflecting ordinary Welsh speech. You should note in this regard certain occasional spelling conventions that are non-standard but reflect contemporary (North Wales) pronunciation – notably some of the verb endings: for example, the first person plural (**ni**) forms of verbs are spelt without the final -n – so **da ni** = **dan ni** 'we are', **mi °ddyla ni** = **mi °ddylen ni** 'we ought to' – this merely reflects the fact that double letters in Welsh are not pronounced double in any case (i.e. that words like **tynnu** and **glynu** rhyme exactly, and that the first one could equally well be spelt **tynu** with no effect on pronunciation); examples like **mi °ddyla ni** (= **mi ddylen ni**) also reflect N vowel pronunciation, with unstressed -**e**- in final syllables sounding as -**a**-; on the other hand, plurals in -**au**, which are almost invariably pronounced -**a** in spoken NW, are kept with the standard spelling throughout. None of this need keep us awake at nights, of course. If you think (or more likely have been told) that spoken Welsh should be kept out of writing, then you might like to skip ahead briefly to Chapter 27, which is an extract from Caradog Prichard's novel *Un Nos Ola Leuad* – this milestone of modern Welsh literature carries the principle of 'write as you speak' considerably further than what we see in this blog (he writes plural -**au** as -**a** and uses many contractions); and it's a wonderful work of literature.

In Heledd's piece as a whole there are actually few departures from standard written colloquial, and none that are in any way unusual. The effect aimed for is a lively and down-to-earth informality, as is fitting perhaps for the blogosphere, and this is well achieved.

Llai na wythnos i °fynd!

Wel, erbyn wythnos i heddiw, mi °ddyla ni °fod yn gwybod yr holl °ganlyniadau. Ac ella °wir y byddai yn Aelod Cynulliad!

Mae hon wedi bod yn ymgyrch hir, ond mae pob diwrnod yn hedfan heibio ar y °funud. Da ni wedi bod yn eithriadol o lwcus o °ran y tywydd ac o'r herwydd wedi medru gwneud llwyth o °ganfasio ar °draws y Gogledd a cyfarfod °gymaint o etholwyr â ʰphosib. Mae wedi bod yn °ddifyr fel ymgeisydd rhestr treulio amser gyda timau mewn gwahanol etholaethau, a ʰchael ymateb da ym ⁿmhob man deud gwir. Dim ond llond dwrn o bobl sydd wedi deud bo nhw'n casau pob un gwleidydd tro yma, yn °wahanol i ymgyrch 2010 lle 'roedd pobl yn °flin ofnadwy gyda pawb o °bob Plaid ar ôl y sgandal treuliau. Ac mae pawb yn °fodlon trafod a ʰchael sgwrs ym ⁿmron i °bob un tŷ. Dydi'r mwyafrif °ddim i'w gweld yn deall y refferendwm AV o °gwbwl, yn °wir, mae nhw'n meddwl bod rhaid iddyn nhw °bleidleisio tro yma gyda rhifau yn hytrach na ʰchroes. Dydi o °ddim yn deg cynnal y °ddau ar yr un diwrnod ond dyna ni, rhy hwyr rwan a rhaid i ni °fyw hefo hynny.

Mae'n anodd deud be °ddigwyddith o °ran y canlyniadau yn y Gogledd, ond dwi'n teimlo'n °galonogol iawn ar ôl yr holl ymateb cadarnhaol yr yda ni'n ei °dderbyn gan °bobl. Dwi yn meddwl °fod hi'n edrych yn °obeithiol o °ran cadw Aberconwy, Arfon a Môn ynghyd ag un sedd rhestr, a ʰchynyddu ein pleidlais mewn nifer o seddi eraill. Mae Gorllewin Clwyd wedi bod yn °ddifyr dros °ben o °ran yr ymateb er enghraifft, ynghyd a Wrecsam a Delyn. Ond pwy a °ŵyr sut °fydd hi'n y diwedd – gwleidyddiaeth yn gêm od yn dydi!

Beth bynnag, gyda dim ond ychydig o °ddyddiau i fynd, os hoffech helpu, yna plis dewch i °gysylltiad. Da ni hefyd angen pobl i helpu ar y diwrnod i atgoffa pobl i °fynd allan i °fwrw dwy °groes i'r °Blaid felly os oes gennych awr neu °ddwy i sbario ar °Fai'r 5ed, mi °fysa ni'n hynod °ddiolchgar o unrhyw °gymorth. Cofiwch – gyda'ch cymorth chi, mi °fedra ni °greu Cymru °well. Mae pob pleidlais yn cyfrif!

Geirfa

canlyniad (-au) – result
Aelod Cynulliad – Assembly Member
ymgyrch – campaign (n)
hedfan – fly (v)
eithriadol – extraordinary
llwyth – load (n)
cyfarfod – meet
etholwyr – voters, electors
difyr – fun
ymgeisydd – candidate
rhestr – list
etholaeth – constituency
llond dwrn – handful
gwleidydd – politician
blin – tired, fed up
treuliau – expenses
trafod – discuss, debate
mwyafrif – majority

pleidleisio – vote (v)
rhif (-au) – number
yn hytrach naʰ – rather than
croes – cross (n)
cynnal – hold (event, etc.)
calonogol – confident, in high spirits
cadarnhaol – positive
ymarferol – practical
ynghyd âʰ – together with
cynyddu – increase (v)
sedd (-i) – seat
gwleidyddiaeth – politics
cysylltiad – contact (n)
atgoffa – remind
hynod° – awfully, really
unrhyw° – any
cymorth – assistance, help

<u>llai na</u> 'less than' – learn the irregular comparatives **llai** 'less', **mwy** 'more', both of which can be used as quantity words; also **gwell** 'better', **gwaeth** 'worse', **is** 'lower', **uwch** 'higher'; **na^h** (**nag** before vowels – though clearly not consistently, as we would normally expect **nag wythnos** on this principle) is always the word for 'than' after comparatives. ⇒ MW 106, ⇒ IW U7

<u>erbyn</u> 'by (a time)' – **erbyn canol dydd** 'by midday', **erbyn y degfed** 'by the tenth', **erbyn iddyn nhw °gyrraedd** 'by the time they arrive'; don't confuse this word with the compound preposition **yn erbyn** 'against': **yn erbyn y llywodraeth** 'against the government', **yn ei herbyn (hi)** 'against her'. ⇒ MW 503

<u>ella</u> 'perhaps' – a common NW variant of **efallai**, and used (as here) with a following 'that'-clause: **ella °wir y byddai** 'perhaps indeed (that) I will be' (**byddai** = **bydda i**); **hwyrach** is also very common in the N for 'perhaps'. ⇒ MW 436

<u>Cynulliad</u> – while English uses the term 'Welsh Assembly', Welsh uses this single word.

<u>mae hon wedi bod</u> 'this has been' – remember that when 'this' is used without an accompanying noun we need the pronoun **hwn/hon** (m/f); **hon** is used here, because it refers to the feminine noun **ymgyrch** coming up. The same goes for 'that', but there are variants: **hwnnw/honno**, or **hwnna/honna**; and don't forget the 'abstract' 'this' and 'that': **hyn** and **hynny** (or **hynna**) – **mae hyn yn °ormod!** 'this is too much!', **mae hynny'n anhygoel!** 'that's unbelievable!' ⇒ MW 136–137, ⇒ BW U1

<u>eithriadol o lwcus</u> 'extraordinarily lucky' – qualifiers of adjectives often precede, with a linking **o°**.

<u>o °ran</u> 'as regards' – learn this phrase as a one-off.

<u>medru</u> – generally a synonym for **gallu**, and more usually associated with N dialects. ⇒ MW 331

<u>ar °draws</u> 'across' – a compound preposition; **ar °draws Cymru** 'across Wales', but **ar eich traws chi** 'across you'; also found in the idiom **torri ar °draws** 'interrupt': **peidiwch torri ar ^{n}nhraws i!** 'don't interrupt me!' ⇒ MW 475–476, ⇒ IW U25

<u>cyfarfod</u> – not the noun 'meeting' here, but the VN 'meet', a synonym for **cwrdd**.

<u>°gymaint</u> 'as many' – a quantity word followed (as they nearly all are) by **o°**; **cymaint** can also mean 'as much', depending on context: **cymerwch °gymaint ag y mynnwch chi** 'take as much as you like'; and also 'so many, so much': **mae cymaint o °bobol fan hyn** 'there are so many people here'. All of the same goes for **cynlleied** ('as few, as little', etc.), by the way. ⇒ MW 197

<u>deud gwir</u> 'actually' – **deud** is N Welsh for **dweud**, and this phrase is a contraction of **a dweud y gwir**; *don't* translate it literally as 'to tell the truth' – how often do we say that? Certainly not as often as people say **deud y gwir** in Welsh. 'Actually' is a much better translation.

<u>bo nhw</u> = **bod nhw** – a pronunciation spelling. Fine by me.

<u>tro yma</u> 'this time' – **tro** for times in a series: **y tro cynta** 'the first time', **y tro nesa** 'the next time', **y tro ola** 'the last time'; **gwaith** for number of times: °**ddwywaith** 'twice', **faint o** °**weithiau?** 'how many times?' ⇒ MW 406

<u>ym ⁿmron i °bob un tŷ</u> 'in almost every single house' – **bron i°** is a common variant of **bron** 'almost', especially when a quantity or count word follows – **mi oedd bron i °drideg o °bobol yno** 'there were almost thirty people there'; **pob** 'every' can be intensified by adding **un**: **pob tŷ** 'every house', **pob un tŷ** 'every single house'.

<u>dydi'r mwyafrif °ddim i'w gweld yn deall</u> 'the majority do not appear to understand' – literally 'are not to be seen understanding'; this is the neatest way to say 'appear to (do something)' in natural Welsh – an alternative would be to start with **ymddangos** 'appear' and say **mae'n ymddangos bod y mwyafrif ddim yn deall**, but this smacks of translation somehow.

<u>o °gwbwl</u> 'at all' – learn this phrase as a one-off, ⇒ MW 434; you will also encounter **y cwbwl** 'the whole (thing)', 'all (of it)' – **rho'r cwbwl yng ⁿnghefn y car** 'put it all in the back of the car'; **y cwbwl sy angen ydy . . .** 'all that's needed is . . .'. **Y cyfan** is also used for **y cwbwl** (so: **rho'r cyfan . . .** , etc.), but you *can't* say *o °gyfan for 'at all'.

<u>yn hytrach naʰ</u> 'rather than' – this is the only phrase you are likely to encounter **hytrach** in; so learn it.

<u>hefo</u> = **efo** = **gyda** – a very N word.

<u>be °ddigwyddith</u> 'what will happen' – **be** is extremely common all over Wales for **beth**; **digwyddith** is the short future – in some parts of Wales (particularly S) the third person singular ending is not **-ith** but **-iff**: same difference. The SM on °**ddigwyddith** here is because **beth** is the subject of the verb. ⇒ MW 304, ⇒ IW UI

<u>dwi yn meddwl °fod</u> – the full form **yn** rather than **'n** probably indicates spoken emphasis here: 'I do think that . . .'.

<u>dros °ben</u> 'extremely' – follows the adjective as we would expect; learn this useful phrase as a one-off. **Tu hwnt** is also used with the same sort of meaning: **doniol dros °ben** or **doniol tu hwnt** 'extremely funny'.

<u>pwy a °ŵyr?</u> 'who knows?' – a set phrase that you should learn, and throw into the conversation whenever you don't know the answer to something. ⇒ MW 322, ⇒ IW U28

<u>yn dydi?</u> = **on'd ydy?** 'isn't it?' ⇒ MW 249

<u>plis</u> = **os gwelwch yn °dda** – but the Welsh term is restricted to use as a tag at the end of the sentence, whereas Heledd here wants to strongly emphasise the 'please' by putting it before the verb. In any case, **plis** or **plîs** is extremely common all over Welsh-speaking Wales, and has been for centuries probably – only the fanatics disapprove.

da ni hefyd angen pobl – remember that **angen** 'need' does not use a linking **yn** when with the verb 'to be' – **dw i angen** . . . 'I need . . .'; the same is true for **eisiau** 'want'. ⇒ MW **396**

°**fwrw** – here means 'throw' in the sense of 'cast', i.e. cast a vote.

mi °fysa ni = **mi °fasen ni** 'we would be'. ⇒ MW **248**, ⇒ IW U16

hynod °ddiolchgar 'awfully grateful' – another intensifier, like **eithriadol** above; also found with a linking **o°** before the adjective: **hynod o °ddiolchgar**.

mi °fedra ni – see note on **medru** above.

Exercise 1

Answer in English:

1   What general remark does Heledd make about politics?
2   What was on voters' minds during the 2010 campaign?
3   What is the party's ambition regarding Aberconwy, Arfon and Môn?
4   And what is the hope in other seats?
5   What misunderstandings have been encountered over the AV referendum?
6   What particular kind of help does the party need on election day?
7   What is Heledd's prediction for results in the North generally?
8   Exactly what kind of candidate is Heledd?
9   How many votes does each voter have in this election?
10 What has been the response of the public to Plaid's doorstep campaign?
11 What complaint does Heledd make about the arrangements for election day?
12 And what does she think should be done about it?

Exercise 2

*Decide whether the following statements in Welsh are true (**cywir** – C) or false (**anghywir** – A):*

1   Mae'r rhan fwya o bobol yn deall AV yn iawn.   C/A
2   Mae Heledd a'i chydweithwyr angen help ar ddiwrnod y bleidlais.   C/A
3   Mae llawer o bobol wedi dweud wrth Heledd y tro 'ma bod nhw'n   C/A
    casáu pob un gwleidydd.
4   Tywydd braf sy wedi bod yn ystod y canfasio.   C/A
5   Mae Heledd wedi bod yn ymweld â nifer o etholaethau.   C/A
6   Mae Heledd yn teimlo'n optimistaidd.   C/A

Chapter 8: Y Teulu Brenhinol

These two readers' letters, the first to *Y Cymro* and the second to *Golwg*, concern the Royal Family (*y teulu brenhinol*), a subject that divides opinion as much in Wales as in England, if not more so. The writers do at least have one thing in common – a profound sense of sadness – but beyond that they are destined, I fear, never to see eye to eye.

Both letters, as is common in written communications, especially those intended for publication, contain certain isolated stylistic features associated with the literary language – notably the verb forms **nid yw** in the first letter, and **derbyniaf** and **yr wyf** in the second – but are otherwise examples of fairly standard day-to-day written Welsh, the second perhaps slightly more formal in tone and composition than the first.

Cwrteisi yn costio dim

Annwyl °Olygydd,

Trist iawn oedd darllen yn Y Cymro nad oedd Archdderwydd Eisteddfod Cymru yn teimlo fel ysgwyd llaw â'r °Frenhines.

Mae'r °Frenhines yn 85 ᵐmlwydd oed ac yn haeddu parch sydd yn °ddyledus iddi. Nid bach o °beth yw gweithio bron pob dydd yn ei hoedran hi. Duw a helpo'r Archdderwydd am ei °gulni meddyliol, nid yw cwrteisi yn costio dim i neb.

Fe °fyddai'n °well i'r gŵr yma °gadw ei °deimladau iddo ef ei hun ac nid aflonyddu'r dyfroedd yn °gyhoeddus.

Rhiannon Thomas
Cei Newydd

Ffwlbri brenhinol

Annwyl °Olygydd,

Ar °gychwyn blwyddyn newydd a ʰphwysig yn hanes ein cenedl, tristáu a digalonni yn °ddybryd rwyf o °glywed °fod tri ʰChymro amlwg yn dymuno hyrwyddo buddiannau'r sefydliad brenhinol sydd wedi teyrnasu dros °orchfygaeth a gormes ein gwlad am saith canrif a mwy.

Cyfeirio yr wyf, wrth °gwrs, at y °briodas °frenhinol arfaethedig; achlysur sydd, yn ôl y sôn, yn mynd i'n cysuro a'n cyfoethogi yn ysbrydol mewn cyfnod o °gyni a dirwasgiad economaidd enbyd!

Anodd credu °fod Archesgob o °Gymru, Darlledwr o °Gymru a Gwleidydd o °Gymru yn dymuno, o'u gwirfodd, °gysylltu eu hunain gyda'r °fath ffwlbri Imperialaidd.

Er tegwch i'r gwleidydd o °Gymro derbyniaf nad oes unrhyw sicrwydd y caiff y gwahoddiad mae'n ei °ddeisyfu cymaint.

David Elwyn Lewis,
Dolgellau

Geirfa

golygydd – editor
archdderwydd – archdruid
ysgwyd – shake
brenhines – queen
haeddu – deserve
dyledus – due
oedran – age
culni – narrowness
meddyliol – mental
teimlad (-au) – feeling
aflonyddu – disturb
dŵr (dyfroedd) – water
ffwlbri – nonsense
cychwyn – beginning
tristáu – become sad
digalonni – lose heart
dybryd – terrible, dire
amlwg – prominent
hyrwyddo – promote
buddiant (buddiannau) – interest (n)
sefydliad – institution

gorchfygaeth – subjection
gormes – oppression
canrif – century
cyfeirio – refer
priodas – wedding
arfaethedig – planned
achlysur – occasion
cysuro – comfort (v)
cyfoethogi – enrich
ysbrydol – spiritual
cyfnod – period
cyni – adversity
dirwasgiad – depression
enbyd – awful
archesgob – archbishop
darlledwr – broadcaster
cysylltu – associate
sicrwydd – certainty
gwahoddiad – invitation
deisyfu – desire, crave

Annwyl °Olygydd 'Dear Editor' – adjectives before nouns cause SM; **annwyl** only does this at the start of letters, as here (compare, for example, **creaduriaid bach annwyl** 'dear little things') but some others – notably **hen°** 'old' – routinely precede their noun. ⇒ MW 96

Trist iawn – notice how the writer puts emphasis on this phrase by placing it first in the sentence: this is a type of focused sentence; the neutral order would have been **Roedd hi'n °drist iawn**, but the focused order is much better here.

nad oedd . . . 'that . . . was/were not'. ⇒ MW 490

iddi = **iddi hi** – dropping the third person singular pronoun (i.e. **fe/fo** and **hi**) in conjugated prepositions is common in all styles of Welsh, including colloquial. Other persons, however, while similarly dropped in the literary style, are retained in speech – so **iddo** ('to him') is fine whatever the register, but while 'to them' is **iddynt** in Literary Welsh (LW), you can't say *iddyn in the spoken language, you have to say **iddyn nhw**. ⇒ MW 446, ⇒ BW U21

bach o °beth 'small matter', 'small thing'.

Duw a helpo 'God help' – another fossilised subjunctive! You will also come across the related phrase **Duw a'n helpo (ni)!** 'God help us!'; similarly **Duw a'n cato (rhag) . . .** 'God keep/preserve us (from) . . .' (**cato** from **cadw**). Other deities are available. ⇒ MW 388–390, ⇒ IW U37, U39

Fe °fyddai 'It would be' – remember the affirmative particles **fe°** and **mi°**, used (optionally but very frequently) before verbs to indicate statement as opposed to question or negative. ⇒ MW 213, ⇒ BW U18, ⇒ IW U16

ef – LW for **fe**.

ei hun 'himself' – **hun** (invariable) or **hunan/hunain** (singular/plural) are used with the possessive adjectives to mean 'self'; so also **dy hun** or **dy hunan** 'yourself', **ein hun** or **ein hunain** 'ourselves', etc. The invariable form is more associated with the North (N), and the longer pair of forms with the South (S) and the written standard. You can see which one is easier, can't you? ⇒ MW 132–134, ⇒ IW U27

yn °gyhoeddus 'publicly' – don't forget that one of the many uses of the ubiquitous **yn** is to form adverbs of manner from adjectives, as here; in this use it causes SM; further examples: **yn araf** 'slowly', **yn °ddibaid** 'ceaselessly', **yn °fawr** 'greatly'. ⇒ MW 401, ⇒ BW U36

yn hanes ein cenedl 'in the history of our nation' – an excellent example of the 'genitive construction', whereby phrases of the type 'the X of (the) Y' lose the first 'the' and leave the 'of' untranslated; so really the Welsh for 'the history of our nation' is simply 'history our nation'. This is a very basic component of Welsh sentence structure, and should be mastered as quickly as possible – you'll certainly never be short of examples. ⇒ MW 40, ⇒ BW U7

tristáu a digalonni . . . rwyf – another focused word order, exactly as in the previous letter; the **rwyf** = **dw i** (or **rw i**) 'I am', and goes with the preceding VNs; the neutral word order here would be **rwyf yn tristáu a digalonni** – notice that when the VN is put in front of its verb 'to be', the linking **yn** is dropped. ⇒ MW 20

amlwg usually means 'obvious' or 'clear' (**mae'n amlwg °fod** . . . 'it's obvious that . . .', **dod yn amlwg** 'to become clear'), but in this context it means 'prominent'.

teyrnasu generally means 'to rule' – but here I think a better translation is 'preside'.

cyfeirio yr wyf = **rwyf yn cyfeirio**; another focused word order, almost a set phrase: 'I refer'.

yn ôl y sôn 'by all accounts', literally 'according to (what they) say' – learn this phrase as a one-off; also encountered in the variant **yn ôl pob sôn**.

i'n cysuro 'to comfort us' – careful! The **'n** here is not **yn** but **ein**; and there's another one coming up. ⇒ MW 114, ⇒ BW U15

o'u gwirfodd 'of their own free will' or 'of their own volition' – learn this phrase, and its main variants for different persons: **o ⁿgwirfodd** (my), **o'i °wirfodd** (his), **o'i gwirfodd** (her), **o'n gwirfodd** (our), **o'ch gwirfodd** (your).

°**gysylltu** – the SM here is because the word follows a phrase which has been interposed (namely **o'u gwirfodd** between the commas); without it we would simply have had **dymuno cysylltu** – this phenomenon is called *sangiad*, and is beloved of grammarians. ⇒ MW 11 **(e)**

'**r fath ffwlbri** 'such nonsense' – **y fath°** is the normal way of doing 'such . . .' in Welsh; further examples: **mae'r °fath honiad yn °ddisail** 'such a claim is baseless', °**weloch chi erioed y °fath °beth?** 'did you ever see such a thing?'; the old loanword **ffasiwn** is also common in some areas: **ffasiwn °beth** 'such a thing'. ⇒ MW 116

er tegwch 'in fairness' – **er** is really an old word for 'for' in the sense of 'for the benefit of', and generally appears on its own only in certain phrases; sometimes it corresponds to 'for reasons of': **er glendid** 'for reasons of hygiene'; you will see it frequently, though, in the combinations **er mwyn** 'for the sake of' and **er gwaetha** 'despite'; don't confuse it with **ers** 'since'.

derbyniaf – LW for **dw i'n derbyn** or (more formally) **rwyf yn derbyn** 'I accept'. With some very specific exceptions (⇒ MW 217), we don't use endings on verbs to express the present tense in the spoken language.

cymaint – unmutated form instead of the mutated °**gymaint** that we might have expected here since it's an adverb: 'that he craves so much'.

Exercise 1

Answer in English:

1   What are the three prominent Welshmen accused of wishing to do?
2   What claim is being made by supporters of the planned royal wedding?
3   What two suggestions are made to the Archdruid?
4   What accusation is levelled at the Archdruid?
5   What two points are made in connection with the Queen's age?
6   What is the Archdruid refusing to do?
7   What prediction is made about one of the wedding invitations?
8   When was the second letter written?

Exercise 2

*Decide whether the following statements in Welsh are true (**cywir** – C) or false (**anghywir** – A):*

1	Mae cwrteisi'n hwb i'r economi.	C/A
2	Mae'r Archesgob am gael ei wahodd i'r briodas.	C/A
3	Efallai na chaiff yr Archesgob ddim gwahoddiad.	C/A
4	Mae'r Frenhines wedi gwrthod ysgwyd llaw â'r Archddderwydd.	C/A
5	Roedd yr Archddderwydd yn teimlo'n drist.	C/A
6	Mae rhai'n meddwl y dylai'r Archddderwydd gadw'n dawel ynghylch y teulu brenhinol.	C/A

Chapter 9: Waldo'n Fardd Bro Kimbolton!

The *papur bro* 'local newspaper' is a phenomenon in Wales – a network of independent local newspapers, usually monthlies, covering the whole country (plus one each for London Welsh and Liverpool Welsh), and giving the Welsh language a useful and valuable profile at the local community level.

This report from the pages of *Clebran*, the *papur bro* for the Preseli region of North Pembrokeshire (*gogledd Sir Benfro*), goes back to the early life of the great poet Waldo Williams and uncovers an unlikely and little-known connection with a part of England far from the Welsh borders. Waldo was born in Pembrokeshire, and spoke only English for the first seven years of his life. By his death in 1971 he was regarded as one of the greatest Welsh-language poets of the twentieth century. He was also a powerful and uncompromising spokesman and activist for pacifism. Today he is a figure of immense standing in the cultural history of the nation, such that he is routinely referred to by his first name only, as indeed in the headline to this article.

There are a number of instances in this piece of non-past impersonal verb forms (easily spotted by the **-ir** ending) that are characteristic of the news media at all levels. These are the main departures from an otherwise fairly colloquial style.

CYMDEITHAS WALDO

Waldo'n fardd bro Kimbolton!

Bydd cymdeithas hanes ym mherfeddion Lloegr yn codi llechen i gofio am y bardd Cymraeg, Waldo Williams.

Fe fu Waldo'n athro Lladin yn Ysgol Uwchradd Kimbolton, yn Huntingdon, am gyfnod byr ar ddiwedd y 1940au.

Ar ddiwrnod aduniad y cyn-ddisgyblion ar ddydd Sadwrn, Gorffennaf 2, bydd llechen yn cael ei dadorchuddio ar fur yr ysgol i gofio amdano.

Disgwylir i rai o'i gyn-ddisgyblion ar y pryd i fod yn bresennol i rannu eu hatgofion am 'Williams Lladin'.

Trefnir y digwyddiad ar y cyd gan Gymdeithas Waldo, sydd wedi'i ffurfio ym Mynachlog-ddu, Sir Benfro, a Chymdeithas Hanes Kimbolton.

"Mae'n braf meddwl bod ysgol yn Lloegr lle bu Waldo'n athro yn credu ei bod yn deilwng codi plac i gofio amdano. Ma' hyn yn profi bod Waldo eisoes yn fardd rhyngwladol a bod ei ddylanwad yn ymestyn y tu hwnt i ffiniau Cymru," meddai Cerwyn Davies, Cadeirydd Cymdeithas Waldo ac un o fugeiliaid y Preselau.

"Yn wir, mae'n lled debyg mai ar derfyn ei gyfnod yn Kimbolton, pan oedd ar fin symud i Lyneham, y cyfansoddodd Waldo'r gerdd 'Preseli'. Ma' arwyddocâd yr achlysur gymaint â hynny'n ddyfnach i ni drigolion Sir Benfro wedyn," ychwanegodd.

Bydd yr Archdderwydd Jim Parcnest yn bresennol yn y seremoni ac yn llefaru'r gerdd 'Preseli' cyn i'r plac gael ei ddadorchuddio gan un o neiaint Waldo, Dafydd Williams.

Disgwylir cyfraniad gan athro Saesneg presennol yr ysgol hefyd, John Greening, sy wedi cyfeirio at Waldo mewn erthygl a gyhoeddodd am feirdd y fro. Bydd Nora Butler yn dweud gair ar ran Cymdeithas Hanes Kimbolton.

Estynnir croeso i bwy bynnag a ddymuna deithio i Kimbolton - 25 milltir i'r gorllewin o Gaergrawnt - i fod yn dyst i'r seremoni a gynhelir am 2.30 p.m.

Os am fwy o fanylion cysylter â hefinwyn367@btinternet.com 01437 532236

Geirfa

bardd (beirdd) – poet
bro – area, region
cymdeithas – society
llechen – slate
athro – teacher
aduniad – reunion
disgybl (-ion) – pupil
dadorchuddio – unveil
mur – wall
presennol – present
rhannu – share
atgof (-ion) – reminiscence
trefnu – organise
digwyddiad – event
ffurfio – form (v)
teilwng – fitting, worthy
eisoes – already
ymestyn – extend
ffin (-iau) – border
bugail (bugeiliaid) – pastor

lled° – fairly, quite
tebyg – likely
terfyn – end
symud – move
cyfansoddi – compose
cerdd – poem
arwyddocâd – significance
trigolion – inhabitants
ychwanegu – add
llefaru – speak, recite
nai (neiaint) – nephew
cyfraniad – contribution
erthygl – article
cyhoeddi – publish
estyn – extend
croeso – welcome
milltir – mile
tyst – witness (n)
manylion – details

<u>ym ⁿmherfeddion Lloegr</u> 'in the depths of England' – learn **ym ⁿmherfeddion** as a one-off.

<u>Fe °fu</u> 'was' – this is the preterite of **bod** 'be'; used instead of the imperfect (**oedd**) in cases like this where reference is to something that happened in the past and came to an end. For this reason **bu** (etc.) is also frequently used in referring to visits to places: **fe °fuon ni yn Iwerddon llynedd** 'we were in Ireland last year (and came back)'. ⇒ MW 243–245

<u>bydd llechen yn cael ei dadorchuddio</u> 'a slate will be unveiled' – (long) future passive with **cael**; we could also have had the short future: **caiff/ceith llechen ei dadorchuddio**; and indeed the more formal impersonal could have been used: **dadorchuddir llechen**. Make sure that you are fully conversant with the **cael-** passive for everyday use. ⇒ MW 362–363, ⇒ IW U21

<u>amdano</u> = **amdano fe** 'about him' – another example of dropping the third person singular pronoun (i.e. **fe/fo** and **hi**) in conjugated prepositions. See further notes to Chapter 8. ⇒ MW 446, ⇒ MW U21

<u>Disgwylir i °rai . . .</u> 'Some are expected . . .'. For the impersonal **-ir**, see note to **a °ddarledir** in Chapter 5. There are a number of these coming up in this piece. ⇒ MW 367–371, ⇒ IW U23

<u>ar y cyd</u> 'jointly' – learn this phrase; other expressions with **cyd** include **dod ynghyd** 'to come together' and **ynghyd â**ʰ 'together with'; as a prefix **cyd-** usually corresponds to 'co-', 'con-',

'syn-' or 'sym-', e.g. **cydweithio** 'collaborate', **cydberthynas** 'correlationship', **cydymdeimlad** 'sympathy', **cydamseru** 'synchronise'.

__sydd wedi'i ffurfio__ 'which has been formed' – see note on **sydd wedi'i °ddatblygu** in Chapter 6. ⇒ MW 364, ⇒ IW U22

__hyn__ 'this' – abstract counterpart to the concrete **hwn** (masculine) and **hon** (feminine), because the 'this' here refers to the idea expressed in the previous sentence. ⇒ MW 136–137, ⇒ BW UI

__tu hwnt__ 'beyond' – another of the location words using **tu**; see note to **tu °fewn** in Chapter I. ⇒ MW 422

__mai ar °derfyn ei °gyfnod yn Kimbolton . . . y cyfansoddodd Waldo . . .__ 'that (it was) at the end of his time in Kimbolton . . . that Waldo composed . . .' – this is a focused subordinate clause, signalled by **mai**, the word for 'that' when what follows is not the verb. ⇒ MW 492, ⇒ IW U34

__ar °fin__ 'on the point of', 'about to' – followed by a VN.

__Ma'__ = **Mae** – a pronunciation spelling. Don't do this in an exam.

__°gymaint â hynny'n °ddyfnach__ 'that much deeper' or 'all the deeper' – best to learn this as a construction: **gymaint â hynny'n°** + comparative adjective; **dyfnach** is the -ach ('-er') form of **dwfn** 'deep' – remember that some adjectives, particularly short ones, undergo a vowel change when endings are added; in the same way, the superlative 'deepest' is **dyfna**. ⇒ MW 103. Some adjectives undergo a consonant change when these endings are added, e.g. **caled** 'hard' but **caletach** 'harder'; and some do both: **tlawd** 'poor' but **tlotach** 'poorer'. And of course you might have a mutation on the front as well for other reasons – **°dlotach** doesn't look much like **tlawd**, does it? Learn your mutations! ⇒ MW 104, ⇒ IW U5

__cyn i'r plac °gael ei °ddadorchuddio__ 'before the plaque gets unveiled' – see note to **ers i °ddaeargryn °daro'r °wlad** in Chapter 3. ⇒ MW 501, ⇒ IW U30

__neiaint__ – an unusual plural formation: see **nai** in the *Geirfa*.

__a °gyhoeddodd__ 'which/that he published' – no need in Welsh for the pronoun (**e**) here, as it is clear who is being referred to, and Welsh, unlike English, does not have a rule insisting on the subject always being explicitly stated.

__ar °ran__ 'on behalf of' – learn this phrase, and do not confuse it with **o °ran**, which means 'as regards'.

__pwy bynnag__ 'whoever'. ⇒ MW 149

__dymuna__ 'wishes' – a LW present tense, done with an ending instead of **bod** + VN; the phrase **a °ddymuna** therefore is equivalent to CW **sy'n dymuno**. Note also that we generally have SM after verb endings, but not after VNs – so **a °ddymuna °deithio** but **sy'n dymuno teithio.**

<u>a °gynhelir</u> 'which will be held' – the stem (to which endings are added) of **cynnal** 'hold (event)' is **cynhali-**, but the **-ir** ending also has the effect of changing an **-a-** in the previous syllable to **-e-**. ⇒ MW 370

<u>Caergrawnt</u> 'Cambridge' – many English cities and larger towns have their own Welsh names; others include **Llundain** 'London', **Manceinion** 'Manchester', **Caerwrangon** 'Worcester', **Caerloyw** 'Gloucester', **yr Amwythig** 'Shrewsbury'.

<u>Os am°</u> . . . 'If (you) want . . .' – one of the secondary uses of the preposition **am°** is to express wish or want: **Wyt ti am °ddod 'da ni?** 'Do you want to come with us?' ⇒ MW 448 (e)

<u>cysyllter</u> 'contact' – a less common and more formal autonomous form, that really means something like 'let there be a contacting'; it is used in official situations and documents as a kind of oblique imperative; the writer here could equally well have written **cysylltwch**, of course. ⇒ MW 374, ⇒ IW U40

Exercise 1

Answer in English:

1   Who is Jim Parcnest?
2   And what is he going to be doing on the day? ~~England~~
3   What organisation over the border in W̶a̶l̶e̶s̶ England is jointly arranging this event?
4   What annual event is happening on 2 July?
5   Who is John Greening?
6   What was the subject of the article he wrote?
7   What was Waldo's job in Kimbolton?
8   During exactly what period was he employed in this position?
9   What did he do after writing the poem 'Preseli'?
10 What two points does Cerwyn Davies make about Waldo?

Exercise 2

*Decide whether the following statements in Welsh are true (**cywir** – C) or false (**anghywir** – A):*

1	Yn Sir Benfro y cafodd Waldo ei eni.	C/A
2	Fe fu Waldo'n athro Lladin yn Lloegr ar ôl y rhyfel.	C/A
3	Mae Nora Butler wedi sgrifennu erthygl am Waldo.	C/A
4	Sefydlwyd Cymdeithas Waldo gan Cerwyn Davies.	C/A
5	Pentre yn Swydd Caergrawnt yw Kimbolton.	C/A
6	Gobeithir y bydd cyn-ddisgyblion Waldo'n dod i weld dadorchuddio'r llechen.	C/A

Chapter 10: Taith S4C

The Welsh-language television channel S4C (*Sianel Pedwar Cymru*) has been a dominant part of Welsh public life since its launch in late 1982. Recently the existence of the channel has (in the view of its supporters) for the first time since its launch come under threat, with the announcement of plans for the Westminster government to relinquish funding control of the channel and hand it over to the BBC. Among the many bodies and organisations opposed to this fundamental change is the Welsh Language Society (*Cymdeithas yr Iaith Gymraeg*), which particularly during the 1970s and early 1980s played an important role in campaigning for its establishment, regarding a Welsh-language television channel as a vital factor in the raising of the public profile and status of the language. Here we have a letter from the Chair (*Cadeirydd*) of the Society, sent to various newspapers and other media outlets across Wales, publicising a series of meetings to be held to discuss the situation with a view to putting pressure on London to reconsider its plans.

As is usual for pieces intended for mass circulation like this, the level of formality in the language and style used is broadly neutral, but with some literary features here and there, notably certain verb forms – see notes.

Taith S4C – Y Dyfodol

Dros yr wythnosau nesaf bydd Cymdeithas yr Iaith °Gymraeg yn cynnal cyfres o °gyfarfodydd cyhoeddus i °drafod dyfodol S4C.

Mae dyfodol ein hunig sianel °deledu °Gymraeg yn y °fantol. Mae'n wynebu toriadau i'w ʰchyllid o dros 40% mewn termau real; cael ei ʰthraflyncu gan y BBC; a bod grymoedd yn ⁿnwylo Gweinidogion San Steffan i °gael gwared â hi yn llwyr. Mae'r llywodraeth yn arbed 94% o'r arian oedden nhw'n arfer talu i'r sianel, toriad sydd yn °gwbl annheg.

Rhaid gwarantu annibyniaeth rheolaeth ac annibyniaeth °olygyddol °lwyr i S4C heb ymyrraeth oddi wrth y BBC na'r Llywodraeth; mae fformiwla °gyllido annibynnol ar gyfer y sianel °Gymraeg, ar sail chwyddiant ac mewn statud, yn hanfodol er mwyn sicrhau arian teg i °greu rhaglenni Cymraeg o safon.

Rydym yn cydnabod y gallai S4C °berfformio yn °well – dyna pam rydym yn ymgyrchu dros S4C newydd, ond ni °fydd hynny'n °bosib o dan °gynlluniau'r Llywodraeth yn Llundain.

Credwn yn °gryf mai ar ysgwyddau pobol Cymru y mae'r cyfrifoldeb am °ddyfodol S4C yn syrthio. Felly, y Cynulliad Cenedlaethol yn hytrach na'r Senedd yn Llundain a'r Adran °Ddiwylliant dan °ofal Jeremy Hunt °ddylai °ddelio â darlledu yn ein gwlad.

Dros y blynyddoedd bu S4C yn °ben conglfaen i'r diwylliant Cymraeg a gwahoddwn ni chi yn °daer i °gyfarfodydd cyhoeddus i °drafod ffyrdd o sicrhau dyfodol i'r Sianel.

Penderfynwyd ar y cynlluniau hyn gan °Lywodraeth San Steffan heb ymgynghori â neb yng ⁿNghymru. Rydym yn erfyn felly ar °bobol i °gyfrannu at y °drafodaeth.

Bethan Williams
Cadeirydd Cymdeithas yr Iaith °Gymraeg

Geirfa

taith – journey, tour	**chwyddiant** – inflation
cyfres – series	**statud** – statute
cyfarfod (-ydd) – meeting	**hanfodol** – essential
dyfodol – future	**rhaglen (-ni)** – programme
wynebu – face (v)	**safon** – quality
toriad – cut (n)	**cydnabod** – acknowledge
cyllid – revenue	**ysgwydd (-au)** – shoulder
traflyncu – devour, swallow up	**cyfrifoldeb** – responsibility
grym (-oedd) – power	**syrthio** – fall
dwylo – hands	**senedd** – parliament
gweinidog (-ion) – minister	**diwylliant** – culture
San Steffan – Westminster	**gofal** – care
cael gwared â[h] (or **ar**°) – get rid of	**delio â**[h] – deal with
llwyr – complete	**conglfaen** – cornerstone
llywodraeth – government	**gwahodd** – invite
arbed – save	**taer** – eager
annheg – unfair	**ffordd (ffyrdd)** – way
gwarantu – guarantee (v)	**ymgynghori â**[h] – consult with
annibyniaeth – independence	**erfyn** – implore, beg
rheolaeth – control, management	**cyfrannu** – contribute
ymyrraeth – interference	**trafodaeth** – discussion
sail – basis	

wythnosau nesaf 'coming weeks' – note that in Welsh we can use **nesa(f)** 'next' also with plural time words; the final **-f**, common in more official writing, is frequently dropped in spoken varieties of Welsh – **nesa**.

dyfodol S4C 'the future of S4C' – genitive construction; see note on **yn hanes ein cenedl** in Chapter 8. ⇒ MW 40, ⇒ BW U7

ein hunig sianel 'our only channel' – when **unig** (it has a prefixed **h-** here because of **ein** – see note on **ei hymrwymiad** in Chapter 6) comes before the noun it means 'only'; **yr unig ateb** 'the only answer', **yr unig °rai a °ddaeth** 'the only ones who came', **yr unig °dro** 'the only time'. Like all adjectives that precede their noun, it causes SM. **Unig** can also follow its noun, in which case it means 'lonely'. ⇒ MW 96, 99

yn y °fantol 'in the balance' – learn this phrase as a one-off.

toriadau i'w ʰchyllid 'cuts to its finances' – when the preposition **i** is followed by the possessive adjectives **ei°** 'his', **eiʰ** 'her' or **eu** 'their', these all become **'w**: note that they retain their mutation effects (SM, AM and none respectively). This only happens with the third person possessives; but **ein** and **eich** shorten to **'n** and **'ch**. ⇒ MW 112, 113

San Steffan – the normal term for 'Westminster', generally meaning the UK parliament.

yn llwyr – adverb of manner.

oedden nhw'n arfer talu 'that they used to pay' – **arfer** + VN is the normal way of expressing 'used to (do something)'; more formal styles would place **a°** before **oedden** for the relative 'that', but this particle is rarely heard in normal speech (though its mutation is), and its omission here is unremarkable. ⇒ MW 241

Rhaid gwarantu . . . '. . . must be guaranteed' – another **rhaid** with no subject specified (see note to **bydd rhaid ciwio** in Chapter 4), and which is usually best done with a passive in English; this instance is in the present, and there is an underlying **mae** (i.e. **Mae rhaid gwarantu . . .**) which is very frequently omitted, as here. In other tenses, of course, you need the verb: **roedd rhaid . . .** '. . . had to', **bydd rhaid . . .** '. . . will have to'. ⇒ MW 349, ⇒ BW U34

oddi wrth° or **oddiwrth°** 'from' – a heftier alternative to **o°**, used particularly when human agency of some kind is involved (you wouldn't use it, for example, in cases like **dw i'n dod o °Gymru** 'I come from Wales'); **oddi wrth°** is the norm with correspondence and written wishes – **Nadolig Llawen oddi wrth °bawb yn y swyddfa** 'Happy Christmas from everyone in the office'. ⇒ MW 464

na 'nor'.

o safon 'of (high) quality'. Sometimes seen in the longer **o safon uchel**, but this shorter version is neater and more idiomatic.

Rydym – formal style for CW **ŷn ni** or **dan ni**; first person plurals ending in -**m** (instead of -**n ni**), wherever encountered, are imitations of LW and should certainly not be used in speech. You also these days see the schizophrenic -**m ni** (i.e. combining the stand-alone ending of LW with the pronoun of CW), which is just daft – there's one in Chapter 12, see if you can spot it when we get there.

y gallai . . . 'that . . . could' – when **y** is followed by a verb, it usually means 'that' ⇒ MW 490, 495 ⇒ IW U12; **gallai** is the third person singular unreality form of **gallu** (the first person singular is **gallwn**) – other verbs that can take these endings (there aren't very many, but they are common) include **medrwn** 'could' (largely synonymous with **gallwn**), **hoffwn/leiciwn/leicsiwn** 'would like' and **dylwn** 'ought to/should'. All are used with a VN (**hoffwn/leiciwn/leicsiwn** can also be used with a noun) directly following the subject; for this reason the VN undergoes SM, as here – **gallai S4C °berfformio**. ⇒ MW 329, 341, ⇒ IW U19

ni °fydd hynny'n °bosib – LW for °**fydd hynny °ddim yn °bosib** 'that will not be possible'; negative **ni°** before a verb instead of °**ddim** after it is a sure sign of LW style. And to make matters worse, **ni** picks and chooses between mutations – before **c-**, **p-** and **t-** it causes AM instead of SM.

Credwn 'we believe' – formal style for **Dan/Ŷn ni'n credu**. Further similar examples coming up. This sentence contains a focused clause, signalled by **mai** – see further comments in the next note. ⇒ MW 492, ⇒ IW U34

Felly ... ein gwlad – this is one massive focused sentence: the main verb is °**ddylai**, way down the line. We should probably convey the emphasis by adding a dummy 'it' as is often the case with this type of sentence in Welsh – so 'it is the National Assembly . . . which should . . .'. ⇒ MW 17–18, 21, ⇒ IW U32

dan °ofal – literally 'under the care of', but routinely used for 'headed by' in this sort of context.

yn °daer – adverb of manner; you might like to learn the proverb **taer yw'r gwir am y golau** 'eager is the truth for the light', i.e. truth will out – I have used this proverb myself.

penderfynwyd 'was/were decided' – a past impersonal, instantly recognisable by the **-wyd**; even though this verb form is not really a part of everyday speech, it is well established in all levels of the standard written language, not least because of its neatness and usefulness. It's certainly one of my personal favourites. ⇒ MW 372–373, ⇒ IW U23

Exercise 1

Answer in English:

1 What is the Welsh Language Society's view of S4C's performance?
2 What two areas of independence need to be guaranteed for S4C?
3 What was wrong with the way the plans were decided on?
4 What, according to the WLS, is the worst-case scenario for S4C under direct BBC administration?
5 What kind of formula is talked about?
6 What two bodies should be kept out of S4C affairs?
7 Whose responsibility is it to ensure S4C's survival?
8 For what purpose is good S4C funding essential?
9 What area of responsibility should be kept away from Jeremy Hunt?
10 What is the WLS's view on keeping S4C as it is?

Exercise 2

*Decide whether the following statements in Welsh are true (**cywir** – C) or false (**anghywir** – A):*

1 Dyfodol y BBC fydd prif bwnc trafod y cyfarfodydd cyhoeddus.   C/A
2 Mae Cymdeithas yr Iaith am atal y BBC rhag ymyrryd â rheolaeth S4C.   C/A
3 Mae Cymdeithas yr Iaith yn feirniadol o berfformiad S4C yn ddiweddar.   C/A
4 Jeremy Hunt ddylai delio â darlledu yng Nghymru.   C/A

Chapter 11: Betsan Powys

This short article on the well-known political journalist and presenter Betsan Powys takes as its starting point her role as presenter of the Welsh-language version of the quiz show *Mastermind*, and then goes on to briefly trace her career on both BBC Cymru and BBC Wales, together with a few biographical details.

The piece is taken from the online pages of BBC Cymru, and is in a fairly neutral style.

Betsan Powys

Y newyddiadurwraig Betsan Powys a °ddewiswyd i °ddilyn yn ôl troed John Humphrys a Magnus Magnusson fel cyflwynydd Mastermind Cymru pan lansiwyd y °gyfres am y tro cyntaf yn y °Gymraeg yn 2006.

"Mae'r ymateb dwi wedi ei °gael gan y gwylwyr wedi bod yn anhygoel. Mae'n °gyfres sy'n dal y dychymyg ac mae Mastermind Cymru yn dilyn traddodiad sydd wedi hen ennill ei °blwyf gan °osod stamp a safon arbennig," meddai. "Mae wedi bod yn °wych i °allu cyfarfod cymaint o °gystadleuwyr deallus a gwybodus o °bob cwr o °Gymru ac o °wahanol °alwedigaethau a ʰchefndiroedd. Rwyf wedi dysgu llawer wrth holi'r cwestiynau – ond yr unig °drafferth yw fy ⁿmod yn tueddu i anghofio'r ffeithiau yn °fuan wedyn. Dyna pam mai y fi yw'r un sy'n holi ac nid yr un sy'n eistedd yn y °gadair °ddu enwog! Cystadlwch – dyna fy ⁿnghyngor i °bawb," meddai. "A does dim rhaid i'r pwnc dewisol °fod yn °bwnc llyfrau trymion – gall °fod yn °bwnc ysgafn dim ond bod digon o swmp ynddo a'ch bod chi'n gwybod eich stwff," ychwanegodd.

Dros y byd

Gyda'i ʰphrofiad helaeth o °ohebu yn °Gymraeg a Saesneg ar °bob math o °bynciau llosg ac ar °draws y byd, °fyddai Betsan ei hun °ddim yn °brin o °bynciau arbenigol i °ddewis ohonynt. Dychwelodd i °weithio i BBC Cymru yn 2005 er mwyn gallu magu ei ʰphlant drwy °gyfrwng y °Gymraeg wedi cyfnod yn byw yn Llundain yn gohebu i °raglen Panorama. Ymunodd ag adran newyddion y BBC dan hyfforddiant yn 1989 cyn dechrau gweithio fel gohebydd. Ers hynny mae wedi gohebu o dros 20 o °wledydd i'r BBC.

Blogio

Mae wedi ennill gwobrau Darlledwr Cymreig y °Flwyddyn a Newyddiadurwr Cymreig y °Flwyddyn BT. Mae hi °bellach yn °olygydd gwleidyddol BBC Cymru ac wedi ymgartrefu yn ei ʰthref °enedigol, Caerdydd, gyda'i ʰphartner, Dylan, a'u dau °blentyn bach. Mae'n blogio'n °gyson am hynt a helynt gwleidyddiaeth Bae Caerdydd ar °wefan y BBC.

Meddai am ei rôl fel cyflwynydd Mastermind Cymru: "Dwi'n siŵr °fod merch yn cyflwyno yn gwneud gwahaniaeth i naws y rhaglen. Dwi'n bownd o °fod °fymryn yn °wahanol i °gyflwynwyr fel Magnus Magnusson a John Humphrys. Ond dydy dyletswydd y cyflwynydd byth yn newid – sef, canolbwyntio ar y cystadleuwyr a'u helpu nhw i °wneud eu gorau. Gobeithio, gyda merch yn cyflwyno, y gwnawn ni annog mwy o °ferched i eistedd yn y °gadair," meddai.

(BBC Cymru)

Geirfa

newyddiadurwraig – (female) journalist
dewis – choose, select
ôl troed – footstep
cyflwynydd – presenter
gwyliwr (gwylwyr) – viewer
anhygoel – incredible
dal – hold, catch
dychymyg – imagination
gosod – set
gwych – great, fantastic
cystadleuwr (-leuwyr) – competitor
deallus – intelligent
gwybodus – knowledgeable
galwedigaeth (-au) – occupation
cefndir (-oedd) – background
trafferth – trouble, problem
tueddu – tend
ffaith (ffeithiau) – fact
cyngor – advice

ysgafn – light
helaeth – extensive
gohebu – report (news, etc.)
pwnc (pynciau) – subject
prin – scarce, short
arbenigol – specialist (adj)
dychwelyd (dychwel-) – return
magu – raise, bring up
ymuno â[h] – join
adran – department
gwlad (gwledydd) – country
gwobr (-au) – prize
ymgartrefu yn[n] – settle in
genedigol – native
cyson – regular
naws – feel, atmosphere
dyletswydd – duty
canolbwyntio – concentrate
annog – encourage

wedi hen ennill ei °blwyf 'has long since earned its place' – placing **hen** between **wedi** and the VN adds the idea of the event having happened long ago. ⇒ MW 268, ⇒ BW U37

o °bob cwr o °Gymru 'from every corner of Wales' – learn this common phrase.

yw fy [n]**mod . . .** '. . . is that I . . .' – **fy** [n]**mod** slightly more formal than [n]**mod i.** ⇒ MW 487, ⇒ IW U11

pam mai y fi yw'r un sy . . . 'why (it is) I (who) am the one who . . .' – a 'that'-clause after **pam**, as is normal; but in this case it is a focused clause (highlighting the 'I'), so we have a special word for 'that' – **mai** – and a special focused form for 'I' – **y fi** instead of just **fi**; the other pronouns all do the same thing – **y fo, y ni, y nhw**, etc. In rapid speech, however, the **y** in these extended forms is often lost anyway. ⇒ MW 492, 130, ⇒ IW U34

llyfrau trymion 'heavy books' – a set phrase with a metaphorical sense; note the plural adjective (singular **trwm**), unusual in modern Welsh except in set phrases such as this, and with a very few common adjectives, notably **arall** 'other', plural **eraill**. 'Heavy books' would normally be **llyfrau trwm**, of course. ⇒ MW 101

dim bod digon o swmp ynddo 'only that there (should) be enough substance to (in) it'; **ynddo** = **ynddo fe/fo** – third person singular pronoun form of **yn** 'in'; note also the more common related adjective **swmpus** 'hefty' or 'bulky'. ⇒ MW 471–472, ⇒ BW U22

ar °bob math o °bynciau llosg 'on all kinds of burning issues' – learn **pwnc llosg** as an idiom; while English uses the plural 'all kinds', Welsh uses the singular.

Betsan ei hun 'Betsan herself'. ⇒ MW 132, ⇒ IW U27

drwy °gyfrwng y °Gymraeg 'through the medium of Welsh' – a ubiquitous phrase that obviously should be learnt.

wedi cyfnod o °fyw 'after a period (of) living' – **wedi** = **ar ôl**, but with a slightly more formal feel to it; in informal style **wedi** is generally restricted to use with a following VN (**maen nhw wedi diflannu** 'they have disappeared'), and in telling the time (**hanner awr wedi tri** 'half past three'). ⇒ MW 503 (a)

dan hyfforddiant 'as a trainee' – literally 'under training'; this phrase can also be used as an adjective qualifying a noun, e.g. **mecanydd dan hyfforddiant** 'trainee mechanic'.

mae hi bellach 'she is now' – **bellach** used instead of **nawr/rwan** when there is a sense of change from an earlier situation; here because it contrasts what Betsan is doing now with things she did previously. ⇒ MW 407

hynt a helynt – a set phrase that corresponds roughly to 'comings and goings' or 'trials and tribulations'; learn it and use it wherever possible, thereby impressing your friends.

Dwi'n bownd o °fod . . . 'I'm bound to be . . .' – the loanword **bownd** resists SM after **yn°**; some speakers, however, do mutate this word.

°fymryn yn °wahanol 'a little bit different' – the SM on **mymryn** 'bit', 'particle' in this common idiomatic construction is fixed; an alternative would be **ychydig yn °wahanol**, but **°fymryn** is more slight.

i °wneud eu gorau 'to do their best' – this construction is exactly paralleled in English; similarly **i wneud ei °orau** 'to do his best', **mi °wna i ⁿngorau** 'I'll do my best', **gwnewch eich gorau** 'do your best', etc.

Exercise 1

Answer in English:

1   What was Betsan's job while she was living in London?
2   What does she see as her main responsibilities as *Mastermind* presenter?
3   When did she return to Wales, and why?
4   What is the significance of Cardiff to Betsan?
5   What happened in 2006?
6   Who is Dylan?
7   What is her job title at the BBC now?
8   What has been the viewer response to the Welsh *Mastermind*?
9   What does she do on the BBC website, and how often?
10 How many children has Betsan got?
11 Why does she think she wouldn't be any good as a contestant?
12 What is her advice to everyone?
13 What two prizes has she won?
14 How many countries has she reported from?

Exercise 2

*Decide whether the following statements in Welsh are true (**cywir** – C) or false (**anghywir** – A):*

1   Un o Gaerdydd yw Betsan.   C/A
2   Un dda am gofio ffeithiau yw Betsan.   C/A
3   Fel gohebydd y dechreuodd Betsan ei hamser gyda'r BBC.   C/A
4   John Humphrys oedd yn holi'r cwestiynau pan lansiwyd   C/A
    Mastermind Cymru yn 2006.
5   Mae Betsan yn mwynhau cwrdd â phobol gwybodus.   C/A
6   Tydi Betsan erioed wedi bod tramor.   C/A

Chapter 12: Mynnu Etholiad Buan

The Welsh-language press regularly takes a look over the Irish Sea at political events and developments in the Irish Republic. This short news article from *Golwg* deals with a political crisis in Dublin, and is a typical example of a relatively undemanding short factual report. Note the use of the 'default' verbnoun form of the verb **mynnu** 'demand' where no person is specified – this is best translated into English by a slight paraphrase: 'Early election demanded in Ireland', or 'Demands for an early election in Ireland'.

This article unsurprisingly contains a number of reported speech constructions ('that . . .'-clauses in English) – Welsh has several ways of doing these, and some will be commented on in the notes.

Mynnu etholiad buan yn Iwerddon

Mae partner Fianna Fáil yn y °glymblaid yng ⁿNgweriniaeth Iwerddon wedi dweud heddiw y bydd rhaid cynnal Etholiad Cyffredinol cyn diwedd mis Mawrth. Ar ôl trafodaethau â'r Taoiseach, Brian Cowen, dywedodd John Gormley ei °fod eisiau i'r °wlad °bleidleisio cyn °gynted a bo modd. "Mae angen etholiad arnom ni ym mis Mawrth, does dim dewis arall, ac fe °fyddai gadael iddo °lithro y tu hwnt i °fis Ebrill yn annerbyniol," meddai.

Mae 25 Mawrth yn °ddyddiad posib, yn ôl adroddiadau yn y °wasg °Wyddelig. Roedd y °ddau arweinydd wedi cyfarfod am °fwy nag awr a hanner heddiw er mwyn trafod amserlen ar °gyfer yr etholiad a deddfwriaeth hanfodol. Dywedodd John Gormley y byddai'r Mesur Cyllidol, a °fydd yn rhoi grym i °gyllideb dadleuol y llywodraeth, yn °ddeddf erbyn diwedd mis Chwefror.

Yn °gynharach cadarnhaodd Brian Cowen y byddai'n cymryd rheolaeth o'r adran Materion Tramor ar ôl i'r gweinidog Micheal Martin, oedd wedi herio ei arweinyddiaeth, ymddiswyddo. Dywedodd un o aelodau'r °Blaid °Werdd, Dan Boyle, nad oedd y °blaid yn ofni y byddai'r etholwyr yn eu cosbi nhw pan °ddaw'r etholiad. "Beth sy'n °bwysig ydi gwneud y peth cywir, nid gwneud beth sy'n °boblogaidd," meddai wrth radio RTE.

Geirfa

clymblaid – coalition
gweriniaeth – republic
cynnal (cynhali-) – hold (election, event, etc.)
etholiad – election
cyffredinol – general
trafodaeth (-au) – discussion
pleidleisio – vote
cyn °gynted a(g y) bo modd – as soon as possible
arnom ni = arnon ni
dewis – choose; choice
gadael – let, allow
llithro – slip, slide
tu hwnt i° – past, beyond
annerbyniol – unacceptable
dyddiad – date
yn ôl – according to
adroddiad (-au) – report
gwasg – press
arweinydd – leader
cyfarfod – meet
amserlen – timetable
deddfwriaeth – legislation

hanfodol – essential
cyllidol – budgetary
grym – power
cyllideb – budget
dadleuol – controversial
llywodraeth – government
deddf – law
yn gynharach – earlier
cadarnhau (cadarnha-) – confirm
rheolaeth – control
materion tramor – foreign affairs
gweinidog – minister
herio – challenge
arweinyddiaeth – leadership
ymddiswyddo – resign
aelod (-au) – member
plaid – (political) party
gwyrdd, fem. gwerdd – green
ofni – fear
cosbi – punish
pwysig – important
cywir – right, correct
poblogaidd – population

y bydd rhaid cynnal 'that . . . will have to be held' – the particle **y** is used here for reported speech ('that . . .') before a verb-with-ending, in this case the future of **bod**. ⇒ MW 490, ⇒ IW UI2

ar ôl trafodaethau 'after discussions' – here **ar ôl** is an ordinary preposition, followed by a noun; but further down in this article it is used as a conjunction, i.e. with a VN and a linking **i**, see note below. ⇒ MW 481

ei °fod eisiau 'that he wants/wanted . . .' – **ei °fod** is a slightly more formal variant of **°fod e**, used to convert **mae e** or **roedd e** into reported speech. ⇒ MW 487

eisiau i'r °wlad °bleidleisio 'wants/wanted the country to vote' – note the position of the **i**: 'want (somebody) to (do something)' is **eisiau + i + [person] + °VN**, with the VN taking SM because it follows the notional subject. The SM on °**wlad**, incidentally, is simply because **gwlad** is a feminine singular noun here preceded by the definite article.

ac fe °fyddai gadael iddo °lithro . . . yn annerbyniol 'and letting it slip . . . would be unacceptable', or 'and it would be unacceptable to let it slip . . .' – because there is no linking **yn**

between °**fyddai** and **gadael**, these cannot be taken together, and **gadael** itself must be the subject of the sentence – this therefore must mean 'letting . . . would be . . .'; **fe °fyddai'n gadael**, on the other hand, would mean 'would let' or 'would be letting' – the normal conditional tense of **gadael**.

Roedd . . . wedi cyfarfod '. . . had met' – the normal form of the pluperfect in all but the most formal styles of Welsh, using the past tense of **bod** with the particle **wedi** + VN; the VN **cyfarfod** is also a noun (pl. **-ydd**) meaning 'meeting'. ⇒ MW 273, ⇒ BW U38

a °fydd yn rhoi grym 'which will give power', in this context 'which will enable' – the relative particle **a°** is used before verbs with endings (including the future tense of **bod** as here, and the imperfect of **bod** as well – **a oedd** 'which/who was'), but not before the present of **bod**, for which a special relative form **sy** or **sydd** exists: . . . **sy'n mynd** '. . . who/which is going', . . . **sy wedi dod** '. . . who/which has come'. ⇒ MW 481, ⇒ IW U14

. . . y byddai'n cymryd '. . . that he would take' – the subordinating particle **y** (no mutation)/**yr** (before vowels) is used with the sense of 'that' before verbs with endings (but not present or imperfect of **bod**); so similarly, for example, . . . **y byddan nhw'n derbyn** '. . . that they will accept', . . . **y gallwn ni** '. . . that we can', . . . **y gwnewch chi'ch gorau** '. . . that you will do your best'; also in some types of relative clause: . . . **y sonies i amdano** '. . . that I mentioned'. ⇒ MW 490, ⇒ IW U12

ar ôl i'r gweinidog . . . ymddiswyddo 'after the minister resigns' – here the preposition **ar ôl** 'after' is turned into a time conjunction by addition of a linking **i°** and a following VN. Other prepositions using this pattern include **cyn i°** 'before', **nes i°** 'until' and **wrth i°** 'as/while'. Many spoken varieties of Welsh substitute a **bod**- construction, at least after **cyn** and **nes: cyn bod nhw'n mynd, nes bod y lleill yn cyrraedd** – though this is regarded by some as non-standard. See also note to **ers i °ddaeargryn °daro'r °wlad** in Chapter 3. ⇒ MW 503, ⇒ IW U30

oedd wedi herio (= **a oedd wedi herio**) 'who had challenged' – here we see the optional omission of the relative particle **a°**, a common enough occurrence in spoken Welsh, not only in speech but also, as here, in standard styles of writing. ⇒ MW 481

pan °ddaw'r etholiad 'when the election comes' (lit. 'will come') – the conjunction **pan°** 'when' causes SM of a following verb (but not **mae**, which is not subject to mutation – **pan mae'r llanw allan** 'when the tide is out'). With past and future events, this conjunction prefers the short-form tenses, so **pan °ddaw** 'when . . . will come', **pan °ddaeth** 'when . . . came' Note carefully, incidentally, the difference between **pan°** 'when' and **pryd?** 'when?': **pan °ddaw hi** 'when she comes' vs **pryd daw hi?** 'when will she come?', although some spoken varieties use **pryd** for both. ⇒ MW 310, 503

Beth sy'n °bwysig ydi . . . 'What is important is . . .' – the **sy** is required for the first 'is' because **beth** 'what' is the subject of the sentence, while the second 'is' must be **ydi** (also spelt **ydy**) because it introduces an identification of what the **beth** is. Sometimes in this type of phrasing, where 'what' starts the sentence and means 'the thing', we find **yr hyn** instead of **beth** – **yr hyn sy'n °bwysig ydi** . . . 'what's important is . . .'; **yr hyn dw i °ddim eisiau ei °weld** . . . 'the thing/what I don't want to see . . .' ⇒ MW **144**

Exercise 1

Answer in English:

1 When will the General Election be held?
2 How long did the two leaders meet for?
3 What two issues did they discuss?
4 What change had there been in the government before the meeting?
5 What was the Green Party representative confident about?
6 What did the Foreign Minister do that the Taoiseach didn't like?

Exercise 2

*Decide whether the following statements in Welsh are true (**cywir** – C) or false (**anghywir** – A):*

1 Roedd Micheal Martin am fod yn arweinydd.   C/A
2 Mi barodd y cyfarfod rhwng y ddau arweinydd am o leia awr a hanner.   C/A
3 Mae Brian Cowen yn bwriadu ymddiswyddo ar unwaith.   C/A
4 Mae'r Blaid Werdd am gosbi'r etholwyr am eu ffolineb.   C/A

Chapter 13: Pencampwyr!

A Welsh Reader with no reference to rugby, the *gêm genedlaethol*? The very thought is unthinkable, and furthermore Wrong. We turn therefore to a sporting theme with another extract from the pages of *Clebran*, the *papur bro* for the Preseli region – this time a front-page treatment of the exploits of Crymych RFC, who it seems have been doing rather well lately down in their homeland of North Pembrokeshire.

Adran Iau Clwb Rygbi Crymych yn dathlu llwyddiannau'r tymor

Am dymor! Wedi ennill y gynghrair yn y Mwmbwls aeth tîm cyntaf Clwb Rygbi Crymych ymlaen i guro Penclawdd a Gorseinon i sicrhau record cant y cant. Dim ond pedwar clwb drwy Gymru gyfan sydd wedi chyflawni'r gamp honno eleni. Hufen ar y gacen oedd ennill Cwpan Her Sir Benfro yn erbyn Aberystwyth (gweler adroddiad ar y dudalen ôl).

Mae *CLEBRAN* yn llongyfarch yr holl dîm gan gynnwys eu capten Simon James, yr hyfforddwyr Lyn Williams ac Elgan Vittle a'i rheolwr Adrian Howells. Mae'r cyfuniad o gryfder a phrofiad bechgyn fel John (Cilrhue) Davies ac Elgan Vittle ynghyd a tho ifanc o chwaraewyr dawnus wedi gwneud Crymych yn anorchfygol eleni. O ystyried fod pump o'r garfan – Dyfan Dafydd, Rhodri Davies, Ianto Griffiths, Tom Powell a Gruffydd Howells – yn gymwys i chwarae i'r tîm ieuenctid, mae pethau yn argoeli'n dda ar gyfer y dyfodol yn ogystal.

Mawr fu'r dathlu ar ddiwrnod y gêm olaf yn erbyn Gorseinon gyda'r timau iau yn gorymdeithio o amgylch Parc Lloyd Thomas ar yr hanner amser.

Mae llwyddiant y Clwb – ar bob lefel yn destun llawenydd i'r holl fro ac yn dyst i waith diflino caredigion y clwb yn swyddogion, pwyllgorwyr a gwirfoddolwyr.

Pwy fuasai wedi meddwl ychydig dros chwarter canrif nol yn ystod y tymor cyntaf hwnnw, a'r clwb yn chwarae gemau cyfeillgar yn unig a byddai llwyddiant ar y raddfa hon yn digwydd mewn cyn lleied o amser. Rygbi o'r safon uchaf ar y parc o'r tîm cyntaf i'r tîm ifancaf, cyfleusterau heb eu hail oddi arno ac adran iau hynod gryf i sicrhau llwyddiant i'r dyfodol.

Ie, llongyfarchiadau yn wir a phob hwyl yn Adran 2 tymor nesaf.

Geirfa

pencampwr (pencampwyr) – champion
adran – division
iau – younger, junior
dathlu – celebrate
llwyddiant (llwyddiannau) – success
cynghrair – league
curo – beat
sicrhau – secure (v)
cyflawni – accomplish
camp – feat
hufen – cream
her – challenge
llongyfarch – congratulate
hyfforddwr (hyfforddwyr) – trainer
rheolwr – manager
cyfuniad – combination
cryfder – strength
profiad – experience (n)
ynghyd â[h] – together with
to – generation

dawnus – gifted
anorchfygol – invincible
ystyried – consider
carfan – group, squad
cymwys – eligible, fit
ieuenctid – youth
argoeli – augur
gorymdeithio – march in procession
testun – subject
llawenydd – joy, rejoicing
bro – region
diflino – tireless
caredigion – friends (supporters)
swyddog (-ion) – official
pwyllgorwr (pwyllgorwyr) – committee member
gwirfoddolwr (gwirfoddolwyr) – volunteer
cyfeillgar – friendly
graddfa – scale
cyfleusterau – amenities

iau 'younger' – **ifanc** has irregular comparative (**iau**) and superlative (**ieua**) forms in the standard language; in practice there are many variants – 'younger' is also encountered as **ifancach** and **fengach**, similarly 'youngest' as **ifanca** and **fenga**. ⇒ MW 106 (b), ⇒ IW U7

Am °dymor! 'What a season!' – note this idiomatic use of **am°** with exclamations.

drwy °Gymru °gyfan 'throughout the whole of Wales' – **cyfan** is an adjective that follows its noun as normal; similarly **am °flwyddyn °gyfan** 'for a whole year'; it also exists as a noun with the definite article – **y cyfan** – meaning 'all' or 'the whole thing' or 'the lot': **anghofies i'r cyfan** 'I forgot the lot', **mae'r cyfan wedi mynd** 'it's all gone', **rho'r cyfan mewn fan hyn** 'put it all in here'; in this sense it means the same as, and is interchangeable with, **y cwb(w)l**. Note also the phrase **wedi'r cyfan** 'after all' (= **wedi'r cwb(w)l**) and the adverb **yn °gyfangwb(w)l** 'completely', 'totally'.

sydd wedi chyflawni 'which have accomplished' – the AM of **cyflawni** is a mistake here, as **wedi** does not itself cause any kind of mutation. This instance may be explained by subconscious confusion with a differently structured passive sentence **mae'r °gamp wedi'i** [h]**chyflawni** 'the feat has been achieved'. ⇒ MW 364, ⇒ IW U22

gan °gynnwys 'including' – learn this phrase as a one-off; and while you're at it, learn the opposite as well: **ac eithrio** 'apart from', 'not including'.

<u>o ystyried °fod</u> 'considering that', 'when (you) consider that' – note the **o°** before the VN – literally 'from considering that . . .'.

<u>yn ogystal</u> 'as well' (= 'also') – learn this phrase; if you want to say 'as well as' with a following noun, in the sense of 'also', you need to add **â**[h] (**ag** before vowels): **selsig yn ogystal â** [h]**chreision** 'sausages as well as crisps'; **bu canu yn ogystal ag yfed** 'there was singing as well as drinking'.

<u>Mawr °fu'r dathlu</u> 'Great was the celebrating', 'there were great celebrations' – **mawr** placed at the start of the sentence here for emphasis and effect. As often in Welsh, the VN (**dathlu**) is used here as a noun (it has the definite article in front of it), with various translation possibilities. ⇒ MW 198

<u>olaf</u> 'last' – remember the difference between the two Welsh words for 'last': **ola** 'last in a sequence' and **diwetha** 'most recent'. The final -**f** here is of course frequently dropped in many varieties of spoken Welsh, but is not unusual in writing. ⇒ MW 172

<u>o amgylch</u> 'around' – a compound preposition; another compound preposition **o °gwmpas** also means 'around'; there is not much difference between the two, particularly in purely spatial meanings. ⇒ MW 475, ⇒ IW U25

<u>Pwy °fuasai wedi meddwl</u> 'Who would have thought' – **buasai** is a literary spelling for **basai** (conditional of **bod**; = **byddai**), the -**u**- not pronounced in speech. You could revise the conditional and conditional perfect tenses of verbs at this point, if you like. Go on – you know you want to. ⇒ MW 277–280, 288, ⇒ IW U16

<u>ychydig dros</u> 'a little over'.

<u>yn ystod</u> 'during' – another compound preposition; learn as a unit.

<u>gemau cyfeillgar yn unig</u> 'friendly games only' – the adverb **yn unig** 'only' follows the noun it refers to; **dalwyr tocynnau tymor yn unig** 'season ticket holders only' ⇒ MW 435, 511; but the related adjective **unig** 'only' precedes: **yr unig gemau** 'the only games'. ⇒ MW 99

<u>cyn lleied</u> = **cynlleied** 'so little', 'so few'. ⇒ MW 197

<u>ifancaf</u> – see note to **iau** above.

<u>heb eu hail</u> 'second to none' – literally 'without its second'; varies according to person: **heb ei ail** (singular masc.), **heb ei hail** (singular fem.).

| Exercise 1

Answer in English:

1　Who were Crymych's last opponents this season?
2　What group of players are pictured?

3   What did they win by defeating Aberystwyth?
4   What result percentage has Crymych RFC's first team achieved?
5   When was there a procession round the ground?
6   What in general terms is the club's success put down to?

Exercise 2

*Decide whether the following statements in Welsh are true (**cywir** – C) or false (**anghywir** – A):*

1   Fe gollodd Aberystwyth yn erbyn Crymych.   C/A
2   Mae dyfodol y clwb yn edrych yn ddisglair.   C/A
3   Fe enillodd Gorseinon yn erbyn Penclawdd.   C/A
4   O flwyddyn nesa ymlaen fe fydd y tîm ieuenctid   C/A
    yn chwarae pêldroed yn lle rygbi.

Chapter 14: Mudiad Meithrin

Since its founding in 1971 as *Mudiad Ysgolion Meithrin* (Welsh Nursery Schools Movement), *Mudiad Meithrin* has played an important role in promoting and consolidating the Welsh language through early-years nursery education throughout Wales. By the end of the last century there were over 650 *cylchoedd meithrin* (nursery groups) with over 14,000 children between the ages of 3 and 5 attending regularly, with numbers continuing to rise since. Enrolment is open to all children of eligible age in an area, and an important element in the ethos of these *ysgolion meithrin* is to encourage the participation of children from non-Welsh-speaking homes, so that they can get an early immersion on a regular basis in a Welsh-speaking environment. The organisation also runs *cylchoedd Ti a Fi* (You and Me groups) to enable parents and carers of the children to socialise in Welsh with each other and with the children.

No surprise, then, that the *ysgolion meithrin* are regarded by those wishing to further the language as a vital component of the education system, and one which needs to be supported and protected. These two pieces – one an article from *Golwg*, and the other a letter to *Y Cymro* from a local reader – voice concerns about the future of a particular *cylch meithrin* in the Fishguard and Goodwick area of North Pembrokeshire (*Cylch Meithrin Abergwaun, Wdig a'r Fro*), which is facing difficulties.

Cylch Meithrin Abergwaun heb gartre'

Mae dyfodol Cylch Meithrin yn ardal Abergwaun yn y fantol wrth i ysgol gynradd newydd agor yno fis Medi.

Ar hyn o bryd mae 18 o blant yn cwrdd bedwar bore yr wythnos mewn caban ar safle Ysgol Glannau Gwaun, yn Abergwaun.

Mi fydd yr ysgol honno yn cau a chael ei dymchwel dros yr haf, wrth i'r disgyblion symud i ysgol newydd sbon.

Ond fydd dim lle i Gylch Meithrin Abergwaun Wdig a'r Fro ar y safle newydd.

Er bod ystafell dros dro wedi'i threfnu yn Wdig, does dim lle i chwarae yn yr adeilad hwnnw – sy'n golygu na fyddan nhw'n gallu dysgu'r Cyfnod Sylfaenol yn unol â rheolau'r Cynulliad, ac yn gorfod cau.

"Mae'r cyngor sir wedi cynnig y caban presennol i ni, ond mi fyddai'n rhaid i ni ddod o hyd i dir, a chael caniatâd cynllunio a symud y caban... ac mae angen llawer o waith atgyweirio ar y caban – yn y bôn mi fyddai'n rhy ddrud," meddai Stuart Lloyd, Cadeirydd y Cylch.

Trwy symud dros dro o Abergwaun i Wdig, mae Stuart Lloyd yn ofni na fydd pawb o'r rhieni yn gallu cludo eu plant y filltir a hanner ychwanegol.

"Mi fyddwn ni'n colli rhai o'r plant sy'n cael eu cludo i'r ysgol ar droed gan rieni," meddai.

Er mai Saesneg yw iaith mwyafrif y plant pan maen nhw'n cyrraedd y Cylch, maen nhw'n rhugl eu Cymraeg o fewn dim o dro, yn ôl y Cadeirydd.

"Mae llawer o'r plant o gefndir Saesneg, ond maen nhw'n cael crap ar y Gymraeg yn gyflym iawn. Maen nhw'n medru canu'n Gymraeg ac enwi lliwiau yn Gymraeg hefyd. Mae'n syndod faint maen nhw'n medru ei ddysgu i feddwl eu bod nhw mor ifanc."

Yn ôl Cyngor Sir Benfro nid oes modd cynnig lle i Gylch Meithrin Abergwaun Wdig a'r Fro ar safle'r ysgol newydd oherwydd fod gan yr ysgol honno feithrinfa rhan amser eisoes.

"Rydan ni wedi bod yn chwilio am lefydd eraill i gynnal y Cylch ac wedi gwneud sawl awgrym... a rydan ni hefyd yn edrych ar y posibilrwydd o symud y caban presennol i safle arall," meddai llefarydd y cyngor.

Ond yn ôl Stuart Lloyd fe allai'r awdurdodau fod wedi gwneud mwy i ganfod cartre' newydd i'r Cylch.

"Mae ganddon ni record dda, newydd basio arolwg gan Estyn gyda chanlyniadau rhagorol, a rydan ni am gael mynd i swyddfeydd y cyngor i gael gwobr.

"Rydan ni'n cael clod, ond fawr ddim help."

■ Barry Thomas

Annwyl Olygydd,
"Mudiad gwirfoddol yw Mudiad Meithrin. Ei nod yw rhoi cyfle i bob plentyn ifanc yng Nghymru fanteisio ar wasanaethau a phrofiadau blynyddoedd cynnar trwy gyfrwng y Gymraeg." Dyma'r broliant ar wefan Mudiad Meithrin, Mudiad Ysgolion Meithrin gynt. Ond dim yn Abergwaun 'falle. Cyn bo hir agorith ysgol gynradd newydd sbon yn Abergwaun sy' wedi costio miliynau o bunnau, ond sdim lle i'r Mudiad Meithrin ac o achos hyn mae hi'n bosib fydd dim Cylch Meithrin yn Abergwaun o fis Medi ymlaen.

Pam nad yw pob Cyngor Sir yn gorfod, o dan y gyfraith, greu lle i bob Cylch Meithrin sy' eise? A pham mae Mudiad Meithrin yn dal i ddibynnu ar wirfoddolwyr?

Yn fy marn i mae Mudiad Meithrin yn cael ei drin fel Sinderela'r byd addysg ac mae'r drefn bresennol yn creu sefyllfa ble gall y mudiad ddioddef o safbwyntiau mympwyol neu faleisus pobl sy' ddim yn wir werthfawrogi ei bwysigrwydd ac sy' ddim yn gweithredu i roi nod Mudiad Meithrin yn gynta'.

**Dewi Rhys-Jones,
Wdig, Sir Benfro**

Geirfa

cylch – group
ardal – region
Abergwaun – Fishguard
cynradd – primary
caban – hut, cabin
safle – site
dymchwel – demolish
disgybl (-ion) – pupil
Wdig – Goodwick
trefnu – organise
adeilad – building
golygu – mean
sylfaenol – basic
rheol (-au) – rule (n)
gorfod – have to, must
tir – land
caniatâd – permission
cynllunio – plan (v)
atgyweirio – repair, refit
drud – expensive
cludo – carry, take
ychwanegol – extra, additional
troed – foot
mwyafrif – majority

cadeirydd – chairman/woman
cyflym – fast
enwi – name (v)
lliw (-iau) – colour
syndod – surprise
modd – way, means
meithrinfa – nursery
rhan amser – part-time
lle (llefydd) – place
awgrym – suggestion
llefarydd – spokesman/woman
awdurdod (-au) – authority
canfod – find
arolwg – inspection
canlyniad (-au) – result
rhagorol – excellent
clod – praise
cyfle – chance, opportunity
manteisio ar° – take advantage of
gwasanaeth (-au) – service
profiad (-au) – experience
cynnar – early
broliant – blurb
gynt – formerly, as was

punt (**punnau** or **punnoedd**) – pound (£)
cyfraith – law
creu – create
dibynnu – depend
barn – opinion
trin – treat
addysg – education
trefn – arrangement, system
sefyllfa – situation

dioddef – suffer
safbwynt (**-iau**) – viewpoint, attitude
mympwyol – arbitrary
maleisus – malicious
gwerthfawrogi – appreciate
pwysigrwydd – importance
gweithredu – act
nod – aim (n)

dros °dro 'temporarily' – this set phrase is more often used as an adjective; the opposite is **parhaol** 'permanent' – **swyddi dros °dro a swyddi parhaol** 'temporary jobs and permanent jobs'.

yn unol â[h] 'in accordance with'.

dod o hyd i° 'find' – learn this common idiom; **Lle °ddaethoch chi o hyd iddyn nhw?** 'Where did you find them?'

yn y bôn 'basically' – by far the best way to translate this phrase, which is as practically meaningless in Welsh as it is in English.

maen nhw'n rhugl eu Cymraeg 'they are fluent in Welsh' – literally 'they are fluent (as to) their Welsh'; obviously with a possessive, this will change according to who's being referred to, so for example **Mae hi'n rhugl ei** [h]**Chymraeg** 'She's fluent in Welsh', **Mae e'n rhugl ei °Gymraeg** 'He's fluent in Welsh', etc.

o °fewn dim o °dro 'in no time' – learn this useful idiom. Note **o °fewn** 'within', used mainly with non-spatial meanings, mostly time; for spatial meanings, use **tu °fewn i°** – compare **o °fewn wythnos** 'within a week', but **tu °fewn i'r tŷ** 'within the house'. ⇒ MW 422

maen nhw'n cael crap ar y °Gymraeg 'they get a grasp of Welsh'.

i °feddwl eu bod nhw . . . 'when you think that they . . .' – an alternative (along with **o °feddwl bod nhw . . .**) for **o ystyried bod nhw** 'considering that they . . .'.

sawl awgrym 'various suggestions', 'a number of suggestions' – note that **sawl** takes a singular noun. ⇒ MW 187

Estyn – the name of the government-funded school inspection agency in Wales.

o achos hyn 'because of this' – **achos** means 'because' and is followed (generally) by a 'that'-clause: **achos °fod e wedi cael damwain** 'because he had an accident'; but 'because of' followed by a noun requires **o achos**: **o achos y °ddamwain** 'because of the accident'; the slightly more formal alternative for 'because' – **oherwydd** – can be used for both: **oherwydd °fod e wedi cael damwain** and **oherwydd y °ddamwain**. ⇒ MW 504

Exercise 1

Answer in English:

[on the article]

1   What has the council offered, and what will the *cylch meithrin* have to organise for themselves?
2   What was the result of the inspection?
3   And what is going to happen as a result of the inspection?
4   What is planned for the school where the *cylch meithrin* has been meeting up till now?
5   What needs to be done to the cabin?
6   What is wrong with the temporary accommodation in Goodwick?
7   How does Stuart Lloyd sum up the authority's attitude?
8   How far away is the temporary accommodation from the original site?

[on the letter]

9   What will soon be arriving in Fishguard?
10 How much are the *cylch meithrin* teachers paid each month?
11 What legislation does the writer want to see?
12 When might this *cylch meithrin* close?

Exercise 2

Decide whether the following statements in Welsh are true (cywir – C) or false (anghywir – A):

1   Efallai na fydd Cylch Meithrin yn Abergwaun o Fedi ymlaen.   C/A
2   Cymraeg yw iaith mwyafrif y plant yn y Cylch ar hyn o bryd.   C/A
3   Mae Cyngor Sir Benfro'n bwriadu cael gwared ar Ysgol Glannau Gwaun.   C/A
4   Mae'r Mudiad Meithrin yn cael ei redeg gan wirfoddolwyr.   C/A

Chapter 15: Meinir Gwilym

Meinir Gwilym is a singer/songwriter of renown in Wales, with a string of successful albums to her name and a loyal and steadily growing fanbase both within the borders of the country and beyond. She has also become a familiar face on S4C, for reasons which will hopefully become apparent when you have read the piece we are going to look at.

This biographical article is from her own *gwefan swyddogol* (official website: www.meinirgwilym.com), and is written in a neutral idiom punctuated here and there with certain verb forms of a more literary or formal style: there are quite a few -**wyd** forms, and some present tenses done without any assistance from the verb **bod** 'to be' at all – I may comment on these latter in the notes.

Meinir Gwilym's melodic and insightful songs, delivered in a clear and captivating voice, are an excellent and enjoyable way to improve your listening comprehension skills – why don't you get hold of one of her albums? Don't delay, buy one today!

Meinir Gwilym

Yn enedigol o blwyf Llangristiolus yng nghalon Ynys Môn oddi ar arfordir Gogledd Cymru, mae'r gantores/gyfansoddwraig Meinir Gwilym wedi sicrhau lle iddi ei hun fel un o'r artistiaid cyfrwng Cymraeg mwyaf poblogaidd erioed.

Ysgogodd rhyddhau ei CD gyntaf *Smôcs, Coffi a Fodca Rhad* (2002) ymateb ysgubol. Gyda'r llais unigryw a'r geiriau gonest, y gwead o sain celtaidd/acwstig/roc-gwerin/pop, cafodd ei chofleidio yn un o'r casgliadau mwyaf gwreiddiol ac ysbrydoledig i ddod allan o Gymru ers blynyddoedd.

Gwerthwyd miloedd o gopïau o'r albym ddilynol *Dim ond Clwydda* o fewn ychydig fisoedd i'w rhyddhau yn Nhachwedd 2003. Mae Meinir Gwilym wedi ymddangos ar lwyfannau pob un o brif wyliau Cymru. Perfformia gyda'i band aml-ddiwylliannol mewn lleoliadau mawrion neu ar ei phen ei hun, yn acwstig mewn digwyddiadau llai.

Golygodd cwblhau ei gradd mewn Llenyddiaeth Gymraeg ac Athroniaeth yn Haf 2004 y gallai Meinir ganolbwyntio'n gyfangwbl ar ei cherddoriaeth. Gyda'i chanu gonest, ddi-lol, mae'n cael ei hysbrydoli gan fywyd bob dydd, yn lleol ac yn fyd-eang, gan gyfansoddi ei holl ganeuon ei hun. Yn y blynyddoedd diweddar, mae hi wedi bod yn torri cwys yn y farchnad Ewropeaidd, gyda gigs llwyddianus mewn sawl prifddinas Ewropeaidd.

Darlledwyd rhaglen arbennig ar S4C yn dilyn bywyd Meinir am flwyddyn ar Fawrth y 3ydd 2005, a oedd yn cynnwys ymweliad â Yamaha, y cwmni sy'n cefnogi Meinir yn swyddogol. Disgrifia Meinir y gefnogaeth a ddatganodd y cwmni rhyngwladol hwn iddi, a'r cydweithio agos fu rhyngddynt wedyn yn un o uchafbwyntiau ei gyrfa hyd yn hyn.

Rhyddhawyd trydedd CD Meinir, yr albym *Sgandal Fain* ar Dachwedd 28ain 2005. Roedd yr albym yn gasgliad o'r llon a'r lleddf mewn dau hanner. Yn ystod 2006 a 2007, bu Meinir yn canolbwyntio ar gyfansoddi rhwng perfformiadau, ymddangosiadau, teith-iau ysgolion, cyflwyno rhaglenni radio ar Radio Cymru a Heart FM a chyflwyno cyfres 'Noson Chis a Meinir' ar y teledu.

Rhyddhawyd yr albym nesa, *Tombola*, ym mis Rhagfyr 2008. Dyma'r cynnyrch newydd cyntaf ganddi ers tair blynedd, ac fe'i gwnaed hyd yn oed yn fwy arbennig gan ymdd-angosiad Bryn Terfel ar ddwy o'r caneuon.

Ers mis Ionawr 2009 mae Meinir yn gweithio fel gohebydd teithiol i raglenni cylch-grawn *Wedi 3* a *Wedi 7* ar S4C. Disgrifia Meinir y swydd fel "... bara menyn blasus! Mae cael crwydro'r wlad yn cyfarfod gwahanol bobol a chlywed eu straeon bob dydd o'r wythnos yn bleser, ac mae cyflwyno eitemau 'byw' yn her hefyd." Ond, parhau mae'r canu. Mae albym newydd Meinir ar y gweill ar hyn o bryd ... gem o Bingo rhywun? ...

Geirfa

genedigol – native, born in
plwyf – parish
calon – heart
arfordir – coast
cantores – (female) singer
cyfansoddwraig – (female) composer
poblogaidd – popular
ysgogi – stir, provoke
rhyddhau – release
ymateb – response
ysgubol – sweeping
unigryw – unique
gonest – honest, sincere
gwead – weaving together
sain – sound
gwerin – folk
cofleidio – embrace
casgliad (-au) – collection
gwreiddiol – original
ysbrydoledig – inspired
dilynol – following, subsequent
clwydda (= celwyddau) – lies
llwyfan (-nau) – stage
gŵyl (gwyliau) – festival
aml-ddiwylliannol – multicultural
lleoliad (-au) – location, venue
digwyddiad (-au) – event
cwblhau – complete (v)

gradd – degree
llenyddiaeth – literature
athroniaeth – philosophy
cerddoriaeth – music
di-lol – no-nonsense
ysbrydoli – inspire
byd-eang – worldwide
marchnad – market
llwyddiannus – successful
prifddinas – capital city
ymweliad – visit (n)
cefnogi – support
swyddogol – official
disgrifio – describe
datgan – render
rhyngwladol – international
cydweithio – collaborate
uchafbwynt (-iau) – high point
gyrfa – career
ymddangosiad (-au) – appearance
taith (teithiau) – tour
cylchgrawn – magazine
blasus – tasty
crwydro – wander, roam
stori (straeon) – story
pleser – pleasure
parhau – continue

iddi ei hun 'for herself'. ⇒ MW 132, ⇒ IW U27

Ysgogodd rhyddhau . . . ymateb ysgubol 'The release of . . . provoked a massive response' – the whole section **rhyddhau . . . Rhad (2002)** is the subject of the verb **ysgogodd**, with **ymateb ysgubol** then the object. Ysgubol literally means 'sweeping' (**ysgubo** 'sweep'), but something like 'massive' is probably a better translation in the context of a 'response' (**ymateb**).

ers blynyddoedd 'for years' (looking back) – learn this phrase; when looking to the future, use **am °flynyddoedd** instead: **Byddan nhw fan hyn am °flynyddoedd** 'They'll be here for years'.

Gwerthwyd miloedd o . . . 'Thousands of . . . were sold' – past tense impersonal form. ⇒ MW 367, 372, ⇒ IW U23

Dim ond Clwydda 'Just Lies' or 'Nothing but Lies' – **celwydd** is 'lie', and the plural **celwyddau** is routinely pronounced (and often spelt) **clwydda** in N dialects.

pob un o °brif °wyliau Cymru 'every one of the main festivals in (of) Wales' – **prif** 'main' precedes the noun and, furthermore, like its English counterpart, cannot stand in isolation; it causes SM of the following noun. ⇒ MW 96 (a)

Perfformia 'He/She performs' – an example of the LW present tense with endings – in spoken Welsh this would always be **Mae hi'n** (or **Mae'n**) **perfformio**.

lleoliadau mawrion 'big locations/venues' – an unusual use of a plural adjective (**mawr**); normally in the spoken language we would expect **lleoliadau mawr** – only a very few adjectives obligatorily change form for use with plural nouns (notably **arall/eraill**), otherwise the phenomenon is mostly encountered in set phrases. ⇒ MW 101

digwyddiadau llai 'smaller events' – as well as meaning 'less', **llai** is also the irregular comparative of **bach** 'small'; in the same way, **mwy** means both 'more' and 'bigger' – **stafell °fwy** 'a bigger room'. ⇒ MW 106, ⇒ IW U7

Golygodd cwblhau . . . y gallai Meinir . . . 'Finishing . . . meant that Meinir could . . .' – another example (like **Ysgogodd rhyddhau . . .** above) of a VN + following clause (i.e. **cwblhau ei gradd mewn Llenyddiaeth Gymraeg ac Athroniaeth yn Haf 2004**) acting as subject of the verb – all this must come before the verb in the English translation, of course; **gallai** 'could' in both senses: 'was able' (as here), and 'would be able'.

mae hi wedi bod yn torri cwys 'she has been making her mark' – literally 'cutting a furrow'.

Disgrifia – see note to **Perfformia** above.

a'r cydweithio agos °fu rhyngddynt 'and the close collaboration (which has been) between them' – the VN **cydweithio** used as a noun: very common in Welsh, and it is, after all, grammatically a noun ⇒ MW 198; **°fu** is mutated by a hidden **a°** 'which' – an omission that reflects normal speech ⇒ mw 481, ⇒ iw u14; **rhyngddynt** (LW) = **rhyngddyn nhw** 'between them'.

hyd yn hyn 'so far', 'up till now' – learn this useful idiom.

y llon a'r lleddf 'of the happy and the sad' – an idiom with nice alliteration.

cynnyrch 'produce' – this is the usual translation of this noun (the related verb is **cynhyrchu**), but here I think we would say 'material' in English: **cynnyrch newydd** 'new material'.

fe'i gwnaed 'it was made' – **gwnaed** is the irregular past impersonal form of **gwneud**; an alternative **gwnaethpwyd** meaning exactly the same thing is equally common. As for the other three irregular verbs, **mynd** has both **aed** and **aethpwyd**, and so mirrors **gwneud**, while **dod** generally has only **daethpwyd**, and **cael** only **cafwyd**. ⇒ mw 373. The **fe'i** is a LW construction – the literary language sometimes places pronouns before their verbs, and needs an 'empty' or 'dummy' particle **fe** to attach them to; the **'i** is third person singular. Similarly, for example, **fe'u collwyd** for **collwyd nhw** 'they were lost'; **fe'ch telir** for **telir chi** 'you will be paid'; **fe'i penodwyd** for **penodwyd e** 'he was appointed'. You don't desperately need to know any of this – let's hurry on.

Mae cael crwydro'r °wlad . . . yn °bleser 'Getting to roam the country . . . is a pleasure' – **cael** in one of its common uses: 'be allowed to'.

parhau mae'r canu 'the singing continues' – focused word order (instead of neutral **mae'r canu'n parhau**) for emphasis and effect; and another example of a VN used as a noun.

ar y gweill 'in the pipeline', 'planned' – this common idiom should be learnt; it literally means 'on the knitting needles', and I like using this in English as well. I'm hoping it may catch on.

ar hyn o °bryd 'at the moment' – another useful idiom to be learnt as a one-off.

| Exercise 1

Answer in English:

1   What exactly was the subject of the S4C programme about Meinir in 2005?
2   Who plays with her at smaller venues?
3   And who collaborates with her on song-writing?
4   What is Meinir's main broad inspiration for her songs?
5   Apart from performance venues, what other type of place did Meinir visit between 2006 and 2007?
6   What do you think might be Meinir's two favourite drinks?
7   What was Bryn Terfel's contribution to the *Tombola* album?
8   What part of North Wales does Meinir come from?
9   What is Yamaha's connection with her?
10   What job has Meinir being doing for S4C recently?

Exercise 2

*Decide whether the following statements in Welsh are true (**cywir** – C) or false (**anghywir** – A):*

1 Mi welodd y drydedd CD olau dydd ddechrau 2005.   C/A
2 Yn aml iawn mae Meinir yn canu caneuon pobol eraill.   C/A
3 Mae Meinir hefyd yn ohebydd ar raglen gylchgrawn ar S4C.   C/A
4 Mae fodca'n rhad iawn ar Ynys Môn.   C/A
5 Er mwyn ymlacio mae Meinir yn reidio ei beic modur Yamaha i   C/A
   fyny ac i lawr mynyddoedd uchel Ynys Môn.
6 Mae cynulleidfaoedd yn Ewrop wedi ymateb yn gadarnhaol i'w   C/A
   cherddoriaeth.

Chapter 16: Rhagolygon

This is a transcript of a weather forecast broadcast on S4C at the end of the evening news bulletin. Unsurprisingly for what is actually a spoken piece, the language is a standard spoken style, devoid of the specifically LW features that tend to appear in official and media writing, and may be taken as an accurate reflection of natural everyday Welsh. There are a number of comparatives in **-ach** in this piece; also a number of instances of dropped auxiliaries (e.g. **ond hynny ddim yn para** 'but that not lasting'), a 'shorthand' style common in this type of report as much in Welsh as in English. You will need the points of the compass: N **gogledd**, S **de**, E **dwyrain** and W **gorllewin**.

Rhagolygon

Mae pethau'n newid yn °raddol ar hyn o °bryd – troi'n °fwynach dros y deuddydd nesa. Ond heno'n °gynta: fel y nosweithiau diwetha, yn rhewi'n °o °galed ymhellach o'r arfordiroedd. Gwasgedd uchel yn y dwyrain felly'n cadw'r awyr yn °glir a'r awel yn °gymharol ysgafn inni heno. Ond fory dylanwad y gwasgedd uchel 'ma'n llacio a hyn yn rhoi cyfle i ffryntiau symud i mewn o'r gorllewin. Ffrynt dros Iwerddon yn cynhyrchu mwy o °gymylau inni yn ystod y dydd yfory, ac mae ambell °gawod yn °bosib wrth arfordiroedd y gorllewin pella. Ond am y tro yn aros yn sych, yn oer iawn i'r mwyafrif. Mi °fydd 'na °bocedi o niwl tua'r dwyrain a'r de, a'r awel 'na eto yn ysgafn ond yn troi i chwythu o °gyfeiriad mwy deheuol yn °raddol. Felly bore fory digon oer peth cynta, cyfnodau brafiach yn °gynnar yn y dwyrain, ond cymylu yn °gyflym o °gyfeiriad y gorllewin – ambell °gawod °ddigon ysgafn wrth yr arfordiroedd erbyn y pnawn. Ac er bod 'na °rywfaint o amheuaeth ynglŷn â'r amseriad, mae'n °debygol y bydd hi'n troi °fymryn yn °wlypach inni hefyd yn hwyrach gyda'r nos. °Dipyn mwynach inni wedyn nos fory a dydd Mercher, er y bydd 'na °gawodydd a gwynt cryfach dan °ddylanwad y gwasgedd isel. Mi °fydd y tymheredd yn y ffigurau dwbwl i °rai. Ond hynny °ddim yn para chwaith, fel gwelwch chi – erbyn diwedd yr wythnos gwyntoedd gogleddol inni unwaith eto. Mi °fydd 'na °rai cawodydd °ddydd Iau, ond sawl gradd yn oerach.

Geirfa

graddol – gradual	**niwl** – fog
mwyn – mild	**chwythu** – blow
noswaith (nosweithiau) – evening	**cyfeiriad** – direction
rhewi – freeze	**deheuol** – southerly
gwasgedd – pressure	**cyfnod (-au)** – period
awyr – air; sky	**cymylu** – cloud over
awel – breeze	**rhywfaint** – a certain amount
cymharol – comparative	**amheuaeth** – doubt
ysgafn – light	**amseriad** – timing
llacio – ease off, diminish	**tebygol** – likely
ffrynt (-iau) – (weather) front	**gwlyb** – wet
cynhyrchu – produce (v)	**hwyr** – late
cwmwl (cymylau) – cloud	**tymheredd** – temperature
cawod (-ydd) – shower	**para (= parhau)** – continue
sych – dry	**chwaith** – either

deuddydd 'two days', 'two-day period' – Welsh has special words for this and for 'three days': **tridiau**; **buon ni yno am °dridiau** 'we were there for three days'. Note also **deufis** 'two months' – **am y deufis nesa** 'for the next two months', **trwydded am °ddeufis** 'a licence for two months'.

yn °o °galed 'pretty hard' – **o°** is the SM form (after **yn°**) of **go°** 'pretty, fairly', which itself mutates **caled** to **°galed**.

fory 'tomorrow' – a very common pronunciation of **yfory**, and frequently so spelt; in the phrase **bore fory** 'tomorrow morning' it is the standard form.

am y tro 'for now', 'for the time being' – learn this useful idiom. Other phrases with **tro** 'time' include: **°bob tro** 'every time', **°dro ar ôl tro** 'time and again', **°droeon** 'many times'; and of course **y tro nesa** 'next time', **y tro diwetha** 'last time', **y tro 'ma** 'this time'. ⇒ MW 406, ⇒ IW U8

mi °fydd 'na° (= **mi °fydd**) 'there will be' – technically there is no need for the **'na°** in this and related expressions, but it is the norm in the spoken language nonetheless; similarly, for example, **roedd 'na °ormod o °bobol** 'there were too many people' (= **roedd gormod o °bobol**); **mae 'na °lythyr i ti ar y bwrdd** 'there's a letter for you on the table' (= **mae llythyr i ti**). You'll sound very authentic if you use it, but don't forget to add the SM after **'na°** if you do. ⇒ MW 256, ⇒ BW U20

ambell °gawod 'the occasional shower', 'a shower or two' – also found with an intervening **i°**: **ambell i °gawod**.

pnawn 'afternoon' – the normal pronunciation of **prynhawn**, and often so spelt.

°**dipyn mwynach** 'a bit milder'.

para – a more common spoken alternative for the official **parhau**.

chwaith 'either' – used in negative sentences only; **tydyn nhw °ddim yn mynd, a dan ni °ddim yn mynd chwaith** 'they're not going, and we're not going either' ⇒ MW **430**; 'either . . . or . . .', on the other hand, is **naill ai . . . neu°** . . . ⇒ MW **512**

| Exercise 1

Answer in English:

1 What will the winds be doing on Wednesday?
2 What will be the result of the front over Ireland?
3 When is rain expected?
4 What will temperatures be doing by Thursday?
5 What is the general outlook over the next two days?
6 What will temperatures be like on Wednesday?
7 When will winds turn northerly?
8 What will be the effects of the high pressure tonight?
9 How have the evenings been lately?
10 What will the weather be like in the east tomorrow morning?

| Exercise 2

Match the halves of each sentence:

1 Bydd y gwyntoedd yn
2 Dan ni'n disgwyl
3 Mi fydd 'na
4 Mae'n debyg y
5 Bydd hi
6 Mi fydd y

a gawodydd yma ac acw trwy'r dydd.
b gweld rhagor o law yfory.
c tymheredd yn codi erbyn y pnawn.
d tawelu erbyn y bore.
e bydd tywydd gwlyb yn dod i mewn o'r gorllewin.
f 'n rhewi yn ystod y nos.

Chapter 17: Ras Yn Erbyn Amser

This article from the S4C viewers' magazine *Sgrîn* is about the latest exploits of the presenter Lowri Morgan who, not content with being one of the few people to have dived down to check out the wreck of the *Titanic*, is preparing to take part in the 6633 Ultra race to the Arctic.

Another piece whose linguistic style stays faithful to the natural speech of the subject throughout, with not a single LW verb form in sight.

20

Dydi Lowri Morgan ddim yn berson sy'n gallu aros yn yr un lle am gyfnodau hir. Mae hi'n cael llond bol. Mae hi wastad yn chwilio am sialens newydd. Mae cystadlu yn erbyn ei hun a gwthio ei hun yn rhan o'i natur hi.

Er ei bod hi'n mwynhau gorwedd ar y soffa yn ymlacio ac yn gwylio'r teledu o bryd i'w gilydd, mae hi'n berson cystadleuol iawn.

Ar hyn o bryd, her eithafol Ras 6633 Ultra yr Arctig sydd ar ei meddwl hi.

Mae'r ras yn un o'r anodda yn y byd. Chwech o bobol sydd wedi llwyddo i'w chwblhau ers dechrau'r ras yn 2007.

"Y ddau gwestiwn mae pawb yn ei ofyn ydi, 'Pam ydw i'n gwneud yr holl bethau eithafol 'ma?' a 'Be sy'n mynd drwy mhen i ?' Sai'n credu fod pobol yn gallu deall pam.

"Fe ges i fy magu i gymryd bywyd yn y ddwy law a mwynhau. Fe ges i fy annog i ddysgu am y byd, i weithio'n galed a chymryd risg i weld be allwn i gyflawni. Mae Mam yn fy atgoffa i bob tro am stori'r crwban ac am weithio'n galed a dyfalbarhau. Does dim o'i le ar fethu ar ôl paratoi'n drylwyr a rhoi ymdrech gant y cant i'r her.

"Fi yw'r cynta i gyfadde nad ydw i'n mynd i dorri unrhyw record - ond rwy'n berson sydd eisiau trio pethau newydd a gweld pa mor bell alla i wthio fy hun. Nid ras gystadleuol ydi hon ond ras bersonol. Dydw i ddim yn gneud hyn i gystadlu â neb arall. Yr unig fwriad sydd gen i ydi gwthio fy ffiniau corfforol a meddyliol i."

Yn yr Arctig mae'r tymheredd o gwmpas -30°C i -40°C. Yn y gorffennol, mae'r tymheredd yn ystod y ras wedi gostwng i -98°C. Er mwyn ceisio dygymod â'r fath amgylchiadau, mae Lowri wedi bod yn hyfforddi'n galed yn ystod y flwyddyn. Mae hi wedi bod yn rhedeg pellteroedd o 120 milltir yr wythnos, arbrofi tymheredd oer Sweden a dod i arfer â'r holl kit fydd angen arni.

Roedd yr eira mawr gawson ni yng Nghymru ym mis Rhagfyr yn help i Lowri. Roedd yn gyfle euraidd iddi ymarfer yn yr oerfel a'r eira. Treuliodd hi fwy nag un noson yn cysgu yn yr eira, fel y bydd yn rhaid iddi wneud yn yr Arctig gan lusgo'r pulk (sled llawn offer) wrth iddi redeg.

"Roedd yn brofiad!" meddai Lowri gan chwerthin. "Rwy'n casáu cysgu mas yn yr eira ac mae elfen o glawstroffobia yn perthyn i gysgu yn y sach a chloi'r cyfan am dy ben di. Yn seicolegol, roedd yr eira a'r amodau afiach o help imi. Ond fydd tymheredd Cymru yn ystod y gaeaf yn ddim byd o'i gymharu â'r tymheredd sy'n fy nisgwyl yn yr Arctig!

Gyda'r ras yn agosáu, beth yw neges Lowri am yr hyn sy'n ei hwynebu?

"Rwy'n poeni na fydd y corff yn gallu dygymod â'r pellter. Poeni na fydd y meddwl yn dygymod â'r amodau a'r boen. Poeni nad ydw i wedi paratoi'n ddigon trylwyr a bod un camgymeriad bach yn gallu troi'n gamgymeriad mawr. Mae cystadleuwyr wedi colli bysedd a thraed yn y gorffennol. Fe all hyd yn oed gollwng maneg yn yr eira arwain at ganlyniadau erchyll i rywun. Ond drwy'r holl bethau drwg, rwy wir yn edrych ymlaen at ddechrau. Mae wedi bod yn rhan fawr o mywyd i am flwyddyn ac felly rwy'n ysu am gael clywed y chwiban gyntaf."

Cofiwch bod modd gwylio holl baratoadau Lowri eto ar Clic am 35 diwrnod - s4c.co.uk/clic

RAS YN ERBYN AMSER
20/25
Bob nos Iau
O Gymru gan P.O.P. 1
s4c.co.uk/chwaraeon

Geirfa

llond bol – bellyful	**arbrofi** – experience
wastad – always	**euraidd** – golden
yn erbyn – against	**ymarfer** – practise
gwthio – push	**oerfel** – cold (n)
gorwedd – lie	**treulio** – spend (time)
ymlacio – relax	**llusgo** – drag
cystadleuol – competitive	**offer** – equipment
eithafol – extreme	**chwerthin** – laugh
meddwl – mind (n)	**casáu** – hate
llwyddo – succeed, manage	**elfen** – element
cyflawni – achieve	**perthyn** – belong
atgoffa – remind	**cloi** – close
crwban – tortoise	**amod (-au)** – condition
dyfalbarhau – persevere	**afiach** – unhealthy
paratoi – prepare	**agosáu** – approach, get near
trylwyr – thorough	**neges** – message
ymdrech – effort	**poen** – pain
her – challenge (n)	**camgymeriad** – mistake
cyfadde – admit	**bys (-edd)** – finger; toe
bwriad – intention	**troed (traed)** – foot
ffin (-iau) – boundary	**gorffennol** – past
corfforol – physical	**gollwng** – drop
meddyliol – mental	**maneg** – glove
gostwng – go down, lower	**arwain** – lead
dygymod âʰ – put up with, cope with	**erchyll** – horrible
amgylchiad (-au) – circumstance	**ysu am°** – yearn for
hyfforddi – train (v)	**chwiban** – whistle (n)
pellter (-oedd) – distance	

yn yr un lle 'in the same place' – there is no separate word in Welsh for 'same'; **yr un** is used in all instances, whether singular or plural: **yr un pwnc** 'the same subject', **yr un pynciau** 'the same subjects'. With singulars, of course, the **un** will mutate a following feminine: **yr un °gath** 'the same cat'. ⇒ MW **143**

Mae hi'n cael llond bol 'she gets fed up' – **llond bol** is a much commoner expression in Welsh than the literal English translation 'bellyful', and this is the normal way of saying 'fed up'; similarly **dw i wedi cael llond bol ar hyn** 'I'm fed up with this'.

cystadlu yn erbyn ei hun a gwthio ei hun – this whole phrase is the subject of the sentence, with the rest of the sentence (once the **mae** is dealt with) signalled by the **yn**: **yn rhan o'i natur hi**. A tricky sentence to analyse, as there is a misleading **yn** further forward – but this is part of the compound preposition **yn erbyn** 'against', and not the free-standing **yn** that signals the end of the subject in sentences beginning with the verb 'to be'. Learning to distinguish between the various types of **yn** is key to fluent reading ability in Welsh. ⇒ MW 473, ⇒ BW U36

o °bryd i'w gilydd 'from time to time'.

anodda 'most difficult', 'hardest' – the superlative form of **anodd**, spelt here without the final -f in accordance with usual pronunciation.

sa i'n credu 'I don't think' – remember that many S dialects have special present tense negative forms of **bod**, based on **sa: sa i** = **dw i ddim**, **so ti** = **dwyt ti ddim**, etc. Note that there is no **ddim** in these forms, which are very common in the S; a south-western variant is **smo**, used for all persons – **smo fi'n mynd** 'I'm not going', **smo nhw'n siarad Cymraeg** 'they don't speak Welsh'. ⇒ MW 227 (a), ⇒ IW U28

Fe °ges i fy magu 'I was brought up' – cael-passive. ⇒ MW 362, ⇒ IW U21

be °allwn i °gyflawni 'what I could achieve'.

Does dim o'i °le ar °fethu 'there's nothing wrong with failing'.

nad ydw i'n mynd i° 'that I'm not going to' – **nad** 'that . . . not'. ⇒ MW 488

Nid . . . ydi hon 'This is not . . .' – a negative identification sentence, the only instance in the modern language where the negative particle **nid** (as opposed to °**ddim**) is routinely encountered, always at the start of the phrase.

gneud = **gwneud** – a pronunciation spelling.

Yr unig °fwriad sydd gen i ydi . . . 'The only intention (which – **sydd**) I have is (**ydi**) . . .'.

Er mwyn 'in order to' – learn as a one-off; followed by a VN (as here) or, if a person is specified, by **i** + person + °VN – **er mwyn i mi °weld** 'in order for me to see', 'so that I can/ could see'. ⇒ MW 507

mae Lowri wedi bod yn . . . 'Lowri has been . . . -ing'.

120 milltir yr wythnos '120 miles a (the) week'.

yr eira mawr °gawson ni 'the heavy snow we got'.

wrth iddi °redeg 'as she runs'. ⇒ MW 503, ⇒ IW U30

mas = **allan** 'out' – a typically S word.

am dy °ben di 'around your head' – a secondary meaning of **am**. ⇒ MW 448 (d)

o'i °gymharu â[h] 'compared with' – this expression, which you should learn, varies its second element (the possessive adjective) depending on what it refers to: **o'i** [h]**chymharu â**[h] (feminine third person singular), **o'u cymharu â**[h] (third person plural), **o'n cymharu â**[h] (first person plural) – so, for example, **mae'r canlyniadau'n °dda o'u cymharu â llynedd** 'the results are good compared with last year', **o'n cymharu â'r Almaen, ŷn ni'n gwneud yn °wael iawn** 'compared with Germany, we are doing very badly'.

sy'n fy [n]**nisgwyl** 'which awaits me'. ⇒ MW 114

am yr hyn sy'n ei hwynebu 'about what faces her'.

na °fydd 'that . . . will not'. ⇒ MW 490, ⇒ IW U13

hyd yn oed gollwng maneg yn yr eira – this whole phrase is the subject of the preceding **Fe °all** – 'Even . . . can . . .'.

Exercise 1

Answer in English:

1   What two questions do people keep asking Lowri?
2   How long has she been preparing for this challenge?
3   It's OK to fail, says Lowri, as long as you've done what two things?
4   What did she do during the snowy weather in Wales?
5   What are Lowri's favourite pastimes in the home?
6   Who will she be trying to compete against?
7   What kinds of things have competitors lost in previous races?
8   What is Lowri's main aim?

Exercise 2

*Decide whether the following statements in Welsh are true (**cywir** – C) or false (**anghywir** – A):*

1   Mae Lowri'n poeni am y posibilrwydd o fethu. C/A
2   Mae hi'n hoff iawn o gystadlu. C/A
3   Prif bwrpas Lowri wrth wneud hyn ydy gosod record newydd. C/A
4   Mae Lowri wedi bod yn hyfforddi yn yr Arctig. C/A
5   Mae menig yn bwysig yn yr oerfel. C/A
6   Tydi'r rhan fwya o gystadleuwyr ddim yn gorffen y ras. C/A

Chapter 18: Bygwth Buddugoliaeth Gofiadwy

Rugby again – this article from *Y Cymro* not only reports on latest news from the League but also covers an organisational issue. It is written in the slightly more formal style typical of this newspaper, with certain traditional spellings maintained (for example the -af ending on adjectives – **diwethaf** = **diwetha**; and at least one example of an -nt ending: **iddynt** = **iddyn nhw**) and various instances of impersonal verb forms (e.g. **cynhelir**). This piece is intended to be more of a challenge in two ways: not only are the mutations not marked, but also the *Geirfa* gives, in most cases, not the exact words in the article but (where relevant) the more basic words from which they derive – for example, I have given not **buddugoliaeth** as in the headline, but **buddugol**, the word it is built on. I have done this not out of cruelty but as a way of encouraging you to do a bit of educated guesswork – an invaluable skill in the process of acquiring and (more importantly perhaps) remembering new vocabulary.

Crusaders

Bygwth buddugoliaeth gofiadwy

gan Sian Couch

ROEDD y Crusaders yn hynod o agos i drechu Leeds Rhinos ddydd Gwener diwethaf wrth i'r ymwelwyr ennill o 12-7 ar y Cae Ras yn Wrecsam. Roedd ymdrechion y ddau dîm yn gyfartal gyda chais Lauititi yn gwneud y gwahaniaeth.

Mae'r Crusaders wedi bod yn anlwcus dros yr wythnosau diwethaf ond mae yna arwyddion fod bechgyn Iestyn Harris yn dod yn agosach i sicrhau buddugoliaeth haeddiannol yn erbyn tîm o frig y gynghrair.

Y mae Cymru fel gwlad wedi cymryd camau mawr i fynd â rygbi xiii o gwmpas y wlad, gyda nifer o dimau newydd yn ffynnu mewn gwahanol ardaloedd megis Sir Fynwy, Castell Nedd a Chaerffili; heb anghofio Crusaders Gogledd Cymru, y tîm o dan 18 oed sydd yn cystadlu am y tro cyntaf yn y gynghrair ieuenctid eleni.

Mae hyfforddi dyfarnwyr a swyddogion eraill yng Nghymru yn datblygu'n gyflym hefyd.

Sefydlwyd Cymdeithas y Dyfarnwyr yng Nghymru tua chwe blynedd yn ôl ac mae'n hyfforddi a datblygu swyddogion newydd bob blwyddyn; mae rhai wedi mynd ymlaen i ddyfarnu neu i fod yn llumanwr mewn gêmau proffesiynol yn cynnwys gêmau rhyngwladol. Cynhelir cyrsiau yn flynyddol ac fe gynhaliwyd y cwrs cyntaf erioed ar gyfer dyfarnwyr yng ngogledd Cymru yn ddiweddar.

Gobeithio y bydd y gêm yn ffynnu yng Nghymru dros y deng mlynedd nesaf, gyda mwy a mwy o dimau yn cyrraedd uchelfannau cynghrair Super League.

Bydd gêm nesaf y Crusaders yn erbyn Salford City Reds heno ar y Cae Ras (cic gyntaf 8pm) gyda gêm yn dilyn yr wythnos ganlynol yn stadiwm y Shay yn Halifax dydd Sul, Gorffennaf 3 (cic gyntaf 3pm). Bydd y Crusaders yn edrych i wneud y dwbl dros Huddersfield Giants ar ôl iddynt drechu'r Cewri gartref yn Wrecsam ychydig o wythnosau yn ôl.

Yn y cyfamser, nid oedd gan South Wales Scorpions gêm yr wythnos hon ond fe fyddent yn wynebu Keighley Cougars ddydd Sul yn Virginia Park, Caerffili (cic gyntaf 3pm). Bydd yr ornest yn uchafbwynt i benwythnos llawn o rygbi xiii yn cynnwys dwy gêm gyda Valley Cougars yn erbyn Cardiff Demons a Coventry Bears.

Bydd gêmau Valley Cougars yn dechrau yng Nghaerffili fory am 1 o'r gloch, gyda'r ail gêm yn dechrau am 3yp.

Geirfa

bygwth – threaten	**cam** – step
buddugol – victorious	**ffynnu** – thrive
cofio – remember	**megis** – like, such as
trechu – defeat	**dyfarnu** – adjudge
ymweld â[h] – visit	**sefydlu** – establish
cyfartal – equal	**lluman** – banner, flag
cais – try (n)	**uchel** – high
lwcus – lucky	**man (-nau)** – place
arwydd – sign (n)	**cawr (cewri)** – giant
haeddu – deserve	**gornest** – match, contest
brig – top	**pwynt** – point
cynghrair – league	

hynod o agos 'awfully close'.

Y mae (LW) = **Mae** – remember that in the literary language and other formal styles the present and imperfect tenses of **bod** have a preceding affirmative particle **y/yr**; so similarly, for example, **yr ydych** = **dych chi** 'you are', **yr oeddem** = **(r)oedden ni** 'we were', and so on.

i fynd â[h] 'to take'.

Sir °Fynwy, Castell Nedd a [h]**Chaerffili** 'Monmouth(shire), Neath and Caerphilly'.

Mae hyfforddi . . . hefyd – the entire phrase **hyfforddi . . . yng Nghymru** is the subject of the verb **mae**, with **yn datblygu** then following on: 'Training . . . is developing'.

Cynhelir . . . fe °gynhaliwyd 'will be held . . . was held' – present/future and past impersonal forms respectively of **cynnal** (stem **cynhali-**). ⇒ MW 367–373 Note that the writer chooses to add affirmative marker **fe°** to the second of these, but not the first – this is perfectly OK, since they are always optional anyway; it is purely a matter of style. ⇒ MW 213, ⇒ IW U23

ar ôl iddynt °drechu = **ar ôl iddyn nhw °drechu** 'after they beat'. ⇒ MW 503, ⇒ IW U30

nid oedd gan y South Wales Scorpions gêm = **doedd gan y South Wales Scorpions °ddim gêm** 'the SWS didn't have a game' – **nid oedd** is LW for **doedd dim**; similarly in the present: **nid oes gennyf gar** (LW) – **does gen i °ddim car** 'I haven't got a car'. Don't ever use **ni** or **nid** for ordinary negatives in speech of any kind. Please. For me.

dwy gêm – note the loanword **gêm** resisting SM after **dwy°**, as mentioned in Chapter 6; it does the same after **ail°** a bit further on: **yr ail gêm** 'the second game'. ⇒ MW 12 (e)

| Exercise 1

Answer in English:

1   What type of team are the North Wales Crusaders described as?
2   When was the Welsh Referees' Association founded?
3   And how often do they run their training course?
4   How has the Crusaders' luck been lately?
5   What is it that links Monmouth, Neath and Caerphilly?
6   What is the difference between the Crusaders' upcoming games against Salford and Halifax?

| Exercise 2

*Decide whether the following statements in Welsh are true (**cywir** – C) or false (**anghywir** – A):*

1   Cafodd Leeds Rhinos eu trechu gan y Crusaders.   C/A
2   Cafodd y Cewri eu trechu gan y Crusaders.   C/A
3   Doedd y Scorpions ddim yn chwarae'r wythnos 'ma.   C/A
4   Bydd yn bosib gwylio dwy gêm yng Nghaerffili yfory.   C/A
5 · Mae Cymdeithas y Dyfarnwyr yng Nghymru newydd ei sefydlu.   C/A
6   Cae Ras yw cartre'r Crusaders.   C/A

Chapter 19: Leanne Wood

This piece from the online pages of *Y Cymro* reports on the 2012 contest for the leadership of Plaid Cymru, a broadly socialist party whose ultimate goal is an independent Wales; in addition to this political aim, PC has, right from its foundation in the nineteenth century, also campaigned strongly in support of the Welsh language, although in recent years it has made a point of emphasising to the electorate of Wales that it is a party that aims to have equal appeal to the non-Welsh-speaking majority. Because of this, while the party has traditionally found its strongest support in the Welsh-speaking heartlands of North and West Wales, it has long had an ambition to break through into the more populous areas of the South, notably the Valleys, aiming to displace Labour in the process, and in recent years determined efforts have been made to bring this about, particularly since the establishment of the Welsh Assembly after the 1997 referendum on devolution. In March 2012 Leanne Wood, who hails from the Rhondda in the South Wales valleys and represents the left wing of the party, was elected the new leader – the first woman to hold the position, and also the first non-native speaker of the Welsh language. This report is from the later stages of the campaign that led to Leanne's victory.

Leanne Wood yn cael cefnogaeth un o'r prif enwau ym mudiad yr undebau llafur

Mae Leanne Wood, Plaid Cymru, wedi cael cefnogaeth un o'r prif enwau ym mudiad yr undebau llafur.

Cyhoeddodd Mark Serwotka, Ysgrifennydd Cyffredinol Undeb y Gwasanaethau Cyhoeddus a Masnachol, ei fod yn cefnogi gwaith Ms Wood, gan ddweud ei bod hi'n "un o'r gwleidyddion amlycaf yng Nghymru." Bu'r AC dros Ganol De Cymru yn danbaid ei hamddiffyniad o hawliau gweithwyr a bu'n gyson ei chefnogaeth i'r llinell biced a ralïau'r undebau dros y blynyddoedd wrth amddiffyn cyflogau ac amodau gweithwyr y sector cyhoeddus. Leanne hefyd yw cadeirydd presennol y Grŵp PCS trawsbleidiol yn y Cynulliad Cenedlaethol.

Meddai Mr Serwotka, sy'n hanu o Aberdâr: "Bu Leanne yn gyfaill cyson i PCS ac yn ymgyrchydd brwd dros fuddiannau ein haelodau. Pan aethom ati i sefydlu grŵp trawsbleidiol yn y Cynulliad Cenedlaethol yn 2005, etholwyd Leanne yn gadeirydd, ac mae'n parhau i gyflawni'r swyddogaeth honno heddiw. Bu'n mynd i'r afael â'n pryderon yn egnïol bob gafael – gan bwyso ar weinidogion ac uwch reolwyr am sicrwydd ynghylch swyddi, cyflogau ac amodau. Pryd bynnag y byddem mewn anghydfod, byddai Leanne yn siarad dros gyfiawnder ein hachos. Byddai'n cydsefyll â ni ar y llinell biced ac mewn ralïau streicio.

"Mae PCS yn ddiolchgar am y gefnogaeth ddi-baid y mae Leanne wedi'i rhoi inni dros y blynyddoedd – nid oes un gwleidydd yng Nghymru wedi bod yn gyfaill mor ddibynadwy i'n haelodau.

Meddai hefyd: "Does dim amheuaeth gen i mai hi yw un o'r gwleidyddion amlycaf yng Nghymru ac rydym yn falch o'i chefnogi ym mha ffordd bynnag y gallwn."

Meddai Ms Wood: "Mae Mark yn rhywun rwy'n ei edmygu'n fawr iawn felly mae ei gefnogaeth yn golygu llawer i mi. Bu'n ddraenen barhaus yn ystlys Llywodraethau olynol yn San Steffan pryd bynnag y byddent yn ceisio diddymu hawliau ei aelodau y bu'n rhaid ymladd yn galed i'w hennill.

"Nid oes arno ofn sefyll dros yr hyn sy'n iawn ac mae'n barod i ochri â gweithwyr y sector cyhoeddus yn wyneb ymosodiadau parhaus ac anghyfiawn Llywodraeth y Con/Demiaid.

"Tra bod pleidiau gwleidyddol eraill bellach yn celu rhag cefnogi hawliau gweithwyr y sector cyhoeddus, credaf y gall Plaid Cymru arwain y ffordd wrth ddangos i weithwyr mai ni yw'r blaid a fydd yn cynrychioli eu buddiannau ac yn ymladd dros eu hawliau i dderbyn cyflog byw ac i ymddeol heb fod mewn tlodi.

"Credaf yn gadarn y bydd Cymru'n well ei byd fel gwlad annibynnol, ond tan i hynny ddigwydd, mae'n hollbwysig ein bod yn ymladd i gadw'r gwasanaethau a'r swyddi sydd gennym. Dim ond arweinyddiaeth wleidyddol gref a diffuant o Gymru wrth sefyll yn erbyn San Steffan all wneud hynny.

"Dyma'r hyn y gall Plaid Cymru ei gynnig i etholwyr Cymru."

Geirfa

cefnogaeth – support (n)
mudiad – movement
undeb (-au) – union
cyhoeddi – announce
cyffredinol – general
masnachol – commercial
AC (Aelod Cynulliad) – AM (Assembly Member)
tanbaid – fervent, fiery
amddiffyniad – defence
hawl (-iau) – right (n)
cyflog (-au) – wages, salary
trawsbleidiol – cross-party
hanu – come from, hail from
cyfaill – friend
ymgyrchydd – campaigner
brwd – enthusiastic
buddiant (buddiannau) – interest
aelod (-au) – member
ethol – elect
swyddogaeth – function, office
pryder (-on) – concern
egnïol – energetic
pwyso – lean, put pressure
gweinidog (-ion) – minister

anghydfod – dispute
cyfiawnder – justice
achos – cause
cydsefyll â^h – stand alongside
di-°baid – ceaseless
dibynadwy – dependable
edmygu – admire
draenen – thorn
parhaus – constant
ystlys – side, flank
olynol – successive
diddymu – wipe out, get rid of
ymladd – fight
ochri â^h – side with
ymosodiad (-au) – attack (n)
anghyfiawn – unjust, unfair
celu – hide, shy away
cynrychioli – represent
ymddeol – retire
tlodi – poverty
cadarn – firm
annibynnol – independent
hollbwysig – vital
arweinyddiaeth – leadership
diffuant – genuine, sincere

<u>gan °ddweud ei bod hi</u> 'saying that she is'.

<u>amlycaf</u> 'foremost', 'most prominent' – the superlative of **amlwg**, which has the stem **amlyc-**. ⇒ MW 104 (b), ⇒ IW U5

<u>Bu'r AC</u> 'the AM has been'. ⇒ MW 245

<u>yn °danbaid ei hamddiffyniad</u> 'fervent (in) her defence'.

<u>wrth amddiffyn</u> 'in defending'.

<u>mynd i'r °afael â^h</u> 'get to grips with'.

<u>uwch °reolwyr</u> 'senior managers' – literally 'higher managers'; **uwch** is the irregular comparative of **uchel** 'high'. ⇒ MW 106, ⇒ IW U7

<u>sicrwydd ynghylch swyddi</u> 'job security' – literally 'security concerning jobs'.

byddem (LW) = **bydden ni** 'we would be' or 'we used to be'.

dros °gyfiawnder ein hachos 'in support of the justice of our cause' – a common use of **dros°** ⇒ MW 453; remember that **ein** 'our' (along with **ei** 'her' and **eu** 'their') prefixes **h-** to a following vowel. ⇒ MW 109

ym ⁿmha ffordd bynnag y gallwn 'in whatever way we can'; **bynnag** can be added to various other words in the same way, e.g. **pryd bynnag** 'whenever', **pwy bynnag** 'whoever', **lle bynnag** or **ble bynnag** 'wherever', **beth bynnag** 'whatever'; but notice that 'whatever/whichever (noun)' is done not with **beth** but **pa°**, with the noun coming before **bynnag** – further examples: **pa ysgol bynnag sy °well 'da chi** 'whichever school you prefer', **pa °fath bynnag o swydd dych chi'n chwilio amdani** 'whatever kind of job you're looking for'. Note also the useful phrase **fodd bynnag** 'however'. ⇒ MW 149

pryd bynnag y byddent yn ceisio 'whenever they would/used to try' – **byddent** (LW) = **bydden nhw**.

Nid oes arno ofn (LW) = **Does arno °ddim ofn** 'He is not afraid'.

Tra bod pleidiau eraill bellach yn celu rhag . . . 'While other parties are now shying away from . . .' – **bellach** 'now' to imply that the other parties have changed their position from previously. ⇒ MW 503, 506; 407

credaf 'I believe' – formal/LW for **dw i'n credu**.

mai ni yw'r °blaid a °fydd 'that we are the party who will . . .' – focused clause emphasising **ni**. ⇒ MW 492, ⇒ IW U34

heb °fod 'without being', 'and not be'.

y bydd Cymru'n °well ei byd 'that things will be better for Wales' – literally 'that Wales will be better its world'. ⇒ MW 490, ⇒ IW U12

tan i hynny °ddigwydd 'until that happens' – **tan°** is more usually a preposition (**tan Nadolig** 'until Christmas' as opposed to the conjunction **nes**: **nes i'r Nadolig °ddod** 'until Christmas comes'); so here we would more often see **nes i hynny °ddigwydd**. ⇒ MW 467

ein bod yn = **bod ni'n** 'that we'.

sydd gennym (LW) = **sy gynnon ni** 'which we have'.

Dim ond . . . °all °wneud hynny 'Only . . . can do that' – another focused sentence with a long clause (**arweinyddiaeth °wleidyddol °gref a diffuant o °Gymru wrth sefyll yn erbyn San Steffan**) for its subject; **°gref** is the mutated feminine form of **cryf** 'strong'. ⇒ MW 100

Dyma'r hyn y gall Plaid Cymru . . . 'This is what Plaid Cymru can . . .' – note **yr hyn** meaning 'what' in the sense of 'the thing that'. ⇒ MW 144

Exercise 1

Answer in English:

1 In what way does the PCS regard Leanne Wood as standing out from other politicians?
2 What does Leanne see as Plaid Cymru's priority in the immediate future before any independence?
3 What does she say is needed to do this?
4 What is the name of the constituency Leanne represents in the Welsh Assembly?
5 What position was she elected to in 2005?
6 When did she give up this position?
7 What two specific areas of workers' rights does Leanne identify as needing to be fought for by the party?
8 How does she characterise Mark Serwotka's dealings with Westminster?
9 What has been Leanne's position with regard to picket lines?
10 How does she describe the Con–LibDem government's dealings with public sector workers?
11 What country does Mark Serwotka come from?
12 What reference is made to his standing in the Labour movement?

Exercise 2

*Decide whether the following statements in Welsh are true (**cywir** – C) or false (**anghywir** – A):*

1 Mae Mark Serwotka'n byw yn Aberdâr.   C/A
2 Mae Leanne am weld Cymru annibynnol.   C/A
3 Mae Leanne yn meddwl fod gan weithwyr Cymru ormod o hawliau.   C/A
4 Yn Ne Cymru mae etholaeth Leanne Wood.   C/A
5 Fe drefnodd Leanne linell biced tu allan i San Steffan.   C/A
6 Does gan Leanne ddim byd yn erbyn cydweithio gyda phleidiau   C/A
   eraill lle bo angen.

Chapter 20: Refferendwm

Sticking with politics for our next piece, we go almost exactly a year back to March 2011, when the Welsh electorate voted in a referendum (*Refferendwm ar bwerau Cynulliad Cenedlaethol Cymru 2011*) to decide whether the *Cynulliad* (Welsh Assembly), which had been brought into being by an earlier referendum of 1997, should have wider legislative powers devolved from London; specifically, that powers should be extended from some to all matters in the twenty subject areas under Assembly jurisdiction. The campaigning was intense – this letter to *Y Cymro* newspaper from a 'Yes' campaigner in the weeks before the vote summarises the political arguments advanced by supporters of the change and takes to task in no uncertain terms the writer of a previous letter who had urged a 'No' vote. In the end, the 'Yes' side had an easy victory, winning in 22 out of 23 unitary authorities – the exception was *Sir Fynwy* (Monmouthshire), where they lost by a few hundred votes. The unitary authority with the highest percentage of 'yes' votes (76 per cent) was, perhaps unsurprisingly, *Gwynedd* in the north-west Welsh-speaking heartland, but it is interesting that the campaign also scored some noteworthy successes in areas of the far south, for example 73 per cent in *Castell Nedd Port Talbot* (Neath Port Talbot).

There are a number of fairly complicated sentences in this piece – some involving relative clauses and some with long phrases as subjects to be dealt with before the verb. I have tried to help you with some of these in the notes.

Digon aeddfed i lunio ein dyfodol ni ein hunain

Annwyl Olygydd,

Gyda chryn ddiflastod yr agorais dudalennau'r *Cymro* (Ionawr 14) a chanfod colofn gan Len Gibbs ar ran y rheini sy'n galw eu hunain (yn ddigywilydd) yn 'True Wales'.

Yr hyn sydd ganddo wrth gwrs yw'r Refferendwm sydd ar y gorwel. Sut yn y byd y gall y dyn ddadlau dros gadw'r drefn bresennol?

Ar hyn o bryd mae gan y Cynulliad hawl i ddeddfu mewn 20 maes pwnc – ond mae'n rhaid iddynt gael cydweithrediad a chaniatâd Senedd San Steffan cyn y gellir deddfu. Mae'r broses hon wrth gwrs yn hir, yn llafurus ac yn ddrud i'w gweithredu.

Mae hefyd yn cyfleu nad oes gan y Cynulliad y gallu i ffurfio deddfwriaethau ac yn ein gwneud ni Gymry yn israddol.

Ymellach, mae'r drefn hon yn sicrhau na all y Cynulliad greu deddfau fyddai'n rhoi blaenoriaethau Cymru yn uwch na rhai Lloegr. Mae achosion wedi codi lle na allai'r Cynulliad greu deddfwriaethau blaengar er ein lles ni yn ein gwlad ein hunain am nad yw'r farn yn San Steffan am ganiatáu hynny.

Ar hyn o bryd dan y drefn bresennol, mae unrhyw ddeddfwriaeth, gaiff ei gynnig yng Nghaerdydd, allai fod o fygythiad o unrhyw fath i fuddiannau Lloegr, a de-ddwyrain Lloegr yn arbennig, yn sicr o gael ei mygu.

Ai cadw at y drefn hon, mewn difri, mae 'True Wales' am weld yn digwydd?

Fe hoffwn i gyfleu i Len Gibbs ac i bob un arall sy'n meddwl yr un fath ag o ein bod ni fel cenedl bellach wedi aeddfedu digon a'n bod ni â digon o hyder i fynnu ein bod ni am fod yn gyfrifol am lunio ein dyfodol ni ein hunain ac yn ymfalchïo fel cenedl mewn gwneud hynny.

Pan ddaw'r Refferendwm – pleidleisiwch 'Ie'.

Celt Roberts
Talsarnau
Gwynedd

Geirfa

aeddfed – grown up, mature
llunio – shape, form (v)
dyfodol – future
diflastod – disgust
canfod – find, perceive
colofn – column
digywilydd – shameless
gorwel – horizon
dadlau – argue
trefn – system, arrangement
deddfu – legislate
maes pwnc – subject area
cydweithrediad – cooperation
llafurus – laborious
gweithredu – put into action
cyfleu – imply; convey

deddfwriaeth (-au) – (piece of) legislation
israddol – inferior
blaenoriaeth (-au) – priority
achos (-ion) – case
blaengar – progressive
cynnig – put forward, propose
bygythiad – threat
buddiant (buddiannau) – interest
mygu – stifle
cenedl – nation
aeddfedu – mature, grow up
hyder – confidence
mynnu – insist, demand
cyfrifol – responsible
ymfalchïo – pride oneself
pleidleisio – vote (v)

<u>**digon aeddfed**</u> 'grown up enough' – the dictionary definition of **aeddfed** is 'mature', but in this context I think we would use 'grown up'.

<u>**cryn °ddiflastod**</u> 'quite some disgust' – the useful word **cryn°** can be used before nouns and VNs to express 'quite (a/some)' in the sense of a large amount or extent; further examples:

bu cryn °ddadlau 'there has been quite a bit of arguing', **cryn syndod** 'quite a surprise', **mae cryn ymateb wedi bod** 'there has been quite a response'. ⇒ MW 96 **(d)**

y rheini sy'n 'those who' – **y rheini** is a less common spelling for the plural pronoun **y rheiny** (from **y rhai hynny** 'those ones'); another variant is **y rheina**; 'these (ones)' is **y rhain** – **Beth am y rhain?** 'What about these?' ⇒ MW 136

Yr hyn sydd ganddo . . . yw . . . 'What he's on about . . . is . . .'.

Sut yn y byd . . . ? 'How on earth . . . ?'; there is also a variant modelled on English: **Sut ar y °ddaear . . . ?**, and if your astonishment is really jaw-dropping you can say **Sut ar wyneb y °ddaear . . . ?**: **Sut ar wyneb y °ddaear y cafodd Ceri swydd fel tiwtor iaith?** 'How on earth did Ceri get a job as a language tutor?'.

iddynt (LW) = **iddyn nhw**.

cyn y gellir deddfu – 'before legislation can be brought in' – literally 'before one can legislate', with the present/future impersonal of **gallu**. ⇒ MW 334

nad oes gan . . . 'that . . . does not have' – **na** (**nad** before original vowels – i.e. before **a**, **e**, etc., but not before °**a**, °**e**, etc.) means 'that . . . not'; there are several other instances in this letter: **na °all . . .** 'that . . . cannot'; further examples: **na °ellir** 'that one cannot', **na °fyddwch chi** 'that you will not be', **nad agorodd hi** 'that she didn't open'. ⇒ MW 495

y gallu 'the ability' – the VN used as a noun, as is common and normal in Welsh.

deddfau °fyddai'n rhoi 'laws which would give' – the SM (from **a°**) on **fyddai** is enough to supply the 'which'; see note to **a °fydd** in Chapter 5. ⇒ MW 481, ⇒ IW UI4

lle na °allai'r Cynulliad 'where the Assembly was not able' – this is the same **na** as discussed above, but here used in its other function to introduce a negative subordinate clause – in these instances there is no 'that' in the English translation: we have encountered it in earlier pieces, for example after **pam** and **os**: **pam na °ddewch chi draw?** 'why don't you come round?', **os nad ydyn nhw'n °barod** 'if they are not ready'. Note **lle** 'where', a very common (in some areas far more common) alternative to **ble**.

er ein lles ni 'for our benefit' – from **er lles** 'for the benefit of'.

am nad yw 'since . . . is not' – yet another example of **na(d)** introducing a negative subordinate clause, this time after **am** 'since', 'because'.

am °ganiatáu 'want to allow' – remember that **am** °VN is a common way of expressing intention. ⇒ MW 448 **(e)**

mae unrhyw . . . yn sicr 'any . . . is certain' – the entire long phrase from **unrhyw** to **arbennig**, occupying about three lines, is the subject of **mae**, with **yn sicr** then following.

°**gaiff ei °gynnig** 'which is/gets proposed' – 'which' from the SM on **caiff** 'gets'; see note to **deddfau °fyddai'n rhoi** above.

°**allai °fod** 'which could be' – see note above.

o unrhyw °fath 'of any kind'.

°**gael ei mygu** – **cael**-passive. ⇒ MW 362–363, ⇒ IW U21

Ai cadw – the particle **ai** is used as a question marker in focused sentences, and is placed at the start of the sentence before the word or phrase being focused on; compare: (statement) **Gwyddeleg maen nhw'n siarad** 'It's Irish that they are speaking' (i.e. not any other language), (negative) **Nid Gwyddeleg maen nhw'n siarad** 'It's not Irish that they are speaking', (question) **Ai Gwyddeleg maen nhw'n siarad** 'Is it Irish that they are speaking?'.

mewn difri 'in (all) seriousness' – learn also the useful phrase **o °ddifri** 'serious', for example **dych chi o °ddifri?** 'are you serious?'.

am °weld – see note to **am °ganiatáu** above.

sy'n meddwl yr un °fath ag o 'who thinks the same as him' – **o** is of course the N word for S **e** 'he/him'.

ein bod ni 'that we are'.

a'n bod ni â 'and that we have' – literally 'and that we are with'; **â**^h is sometimes used for possession (rather than **gan°** or **gyda**^h) when talking of abstract or otherwise inalienable possessions.

am °lunio – this example of **am °VN**, unlike previous ones in this piece, is not about wanting or intention; the **am°** goes with the preceding word, because **cyfrifol am°** means 'responsible for'.

gwneud – VN as noun: use the English '-ing' form to translate this.

Pan °ddaw – short future after **pan°** 'when'. ⇒ MW 310

| **Exercise 1**

Answer in English:

1   What area of the UK does the writer single out for criticism?
2   Apart from being long and laborious, what other drawback about the process of passing legislation in the Assembly does the writer identify?
3   And what is the reason for this unsatisfactory situation?
4   Apart from maturity, what two other abstract qualities does the writer attribute to the Welsh nation?

5   And how does he describe the Welsh people as being treated under the present system?

6   Does the writer think Welsh priorities should be placed on an equal footing with those of England?

| Exercise 2

Match the two halves of each sentence:

1   Mae'n amlwg nad
2   Fe hoffen ni
3   Siomedig iawn oedd yr ymateb a
4   Mae'r canlyniad 'ma'n
5   Dw i ddim yn cytuno â
6   Dim ond annibyniaeth

a.   weld mwy o annibyniaeth i Gymru.
b.   rhoi gobaith inni i gyd.
c.   all datrys holl broblemau Cymru.
d.   'r hyn sy ganddo.
e.   oes gobaith am newid yn y dyfodol agos.
f.   gafwyd neithiwr.

Chapter 21: Ergyd Ariannol

Welsh can be studied at university level not only in Wales but also at some institutions in England. Oxford University has the only Chair of Celtic in any English university, and the professorship is associated with Jesus College, well known for its Welsh connections. This report from the online pages of BBC Cymru concerns a change in circumstances for the Chair of Celtic that poses a threat to its continued existence.

Note the difference between the general adjective **Celtaidd** 'Celtic' – for example **diwylliant Celtaidd** 'Celtic culture' – and the noun **Celteg**, which more specifically refers to Celtic languages: **yr Athro Celteg** 'the Professor of Celtic'.

In this piece there are a number of examples of the **cael**-passive – perhaps this would be a good time to review this important grammatical structure if you feel uncertain about it.

Ergyd ariannol i °Gadair °Geltaidd

Mae Coleg Iesu, Rhydychen yn chwilio am ffynonellau newydd o arian er mwyn sicrhau parhad y °Gadair °Geltaidd, mae'r coleg wedi cadarnhau wrth Newyddion Arlein. Mae'r °Gadair °Geltaidd wedi cael ei ʰchyllido'n rhannol gan °Goleg Iesu, ac yn rhannol gan °Brifysgol Rhydychen, ond ni °fydd y °brifysgol yn ei ʰchyllido'n °barhaol o °fis Medi ymlaen. Mae Coleg Iesu nawr yn bwriadu gwneud apêl i °godi arian ac mae trafodaethau ar y gweill gyda sefydliadau eraill, ond mae'r Coleg yn ffyddiog bod dyfodol y °Gadair yn °ddiogel.

Mae cenedlaethau o °Gymry wedi gwneud gwaith ymchwil ôl-°raddedig ar y °Gymraeg a'i llenyddiaeth yn Rhydychen o dan °gyfarwyddyd yr Athro Celteg.

Bydd deiliad presennol y swydd, yr Athro Thomas Charles-Edwards, yn ymddeol yn swyddogol ym mis Medi, ond fe °fydd yn parhau i °gyfarwyddo gwaith myfyrwyr tan y bydd olynydd yn cael ei °benodi.

'Argyfwng'

Dywedodd llefarydd ar °ran Coleg Iesu: "Mae'r toriad yn y cyllido yn °ganlyniad i'r argyfwng yn y Dyniaethau yn Rhydychen. "Mae Cadair °Geltaidd Prifysgol Rhydychen yn cael ei ʰchyllido'n rhannol gan °waddolion sy'n cael eu dal gan °Goleg Iesu, ac yn rhannol gan y °brifysgol. "Ond mae angen ffynonellau newydd o arian i sicrhau bod astudiaethau Celtaidd yn parhau yn Rhydychen. "Mae cynlluniau ar y gweill i °geisio llenwi rhan o'r bwlch yn y cyllid, a byddwn yn gwneud apêl yn 2012".

'Ehangu gorwelion'

Dywedodd un o'r cyn-°fyfyrwyr, Yr Athro John Rowlands, a astudiodd yno dan °gyfar-wyddyd yr Athro Idris Foster: "Dwi'n meddwl ei °fod yn °bwysig °fod y °Gadair yn parhau. "Cefais i °lawer o °fudd o °fod yno, roedd yn awyrgylch hollol °wahanol ac roedd yn ffordd o ehangu gorwelion. "Ro'n i'n astudio llenyddiaeth °Gymraeg °ganoloesol, gan °wneud ymchwil ar °ddwy °lawysgrif °Gymraeg oedd yng ⁿNgholeg Christ Church yno. "Mae llawer o °bobl yn synnu bod modd astudio'r °Gymraeg yn Rhydychen, ac mae'n braf bod y pwnc yn un rhyngwladol. "Ond mae'n anodd cael person cymwys i °lenwi'r °Gadair, gan °fod angen cymwysterau mewn mwy nag un o'r ieithoedd Celtaidd".

Geirfa

ergyd – blow (n)
Rhydychen – Oxford
ffynhonell (ffynonellau) – source
parhad – continuation, continuance
cadarnhau – confirm
cyllido – fund (v)
yn rhannol – partly
sefydliad (-au) – institution
ffyddiog – confident
diogel – safe
cenhedlaeth (cenedlaethau) – generation
ymchwil – research (n)
ôl-°raddedig – postgraduate
cyfarwyddyd – direction
deiliad (deiliaid) – holder
olynydd – successor
penodi – appoint
argyfwng – crisis

toriad – cut (n)
dyniaeth (-au) – humanity
gwaddol (-ion) – endowment
astudiaeth (-au) – study (n)
cynllun (-iau) – plan (n)
llenwi – fill
bwlch – gap
ehangu – broaden
gorwel (-ion) – horizon
budd – advantage, benefit
awyrgylch – atmosphere
canoloesol – medieval
llawysgrif – manuscript
synnu – be surprised
rhyngwladol – international
cymwys – eligible, suitable
cymhwyster (cymwysterau) – qualification
iaith (ieithoedd) – language

er mwyn sicrhau 'in order to ensure'.

wedi cael ei ʰ**chyllido** 'has been funded' – **cael**-passive. ⇒ MW 362–363, ⇒ IW U21

ni °**fydd** (LW) = °**fydd . . .** °**ddim**.

ei ʰ**chyllido** 'fund it' – possessive **ei** used for the pronoun object of a VN. ⇒ MW 114 __yn ymddeol yn swyddogol__ 'officially retire' – the first **yn** is the type that links a VN (**ymd-deol**) to the preceding auxiliary (**bydd**), while the second **yn** (actually **yn°**, but you can't tell here) is the type that turns an adjective (**swyddogol**) into an adverb. ⇒ MW 473

__fe °fydd yn parhau__ 'he will continue' – notice the omission of the pronoun **e**, perfectly normal in Welsh where we already know who is being talked about; in this case, the **deiliad presennol** mentioned earlier in the sentence.

__Bydd . . . yn cael ei °benodi__ – another **cael**-passive.

__Mae'r . . . yn °ganlyniad i . . .__ 'The . . . is a result of . . .'.

__mae angen__ 'is/are needed' – literally 'there is need of . . .'. ⇒ MW 397

__byddwn__ = byddwn ni.

__cyn-°fyfyrwyr__ 'ex-students' – **cyn** can be prefixed to nouns in this sense, usually with a hyphen, and always with SM.

__a astudiodd__ 'who studied' – relative particle **a°** 'who/which', used before all verbs with endings except present tense of **bod**, which has its own relative form **sy** or **sydd**; so 'who will study' is **a °fydd yn astudio**, 'who was studying' **a oedd yn astudio**, but 'who studies' would be **sy'n astudio**, and 'who has studied' would be **sy wedi astudio**, because these last two used the present tense (one with **yn** and the other with **wedi**); the **a** is often dropped in speech, and in informal writing – see also note to __oedd__ below. ⇒ MW 481, ⇒ IW UI4

__yno__ 'there' – used for places out of sight of the speaker. ⇒ MW 419

__cefais i__ = ces i 'I got'.

__oedd__ = a oedd 'which were'.

__Mae llawer o °bobl yn synnu__ 'Many people are surprised' – **synnu** is an active verb in Welsh corresponding to a sort of passive in English; so 'I'm surprised' is simply **dw i'n synnu**; 'I was surprised' is either **o'n i'n synnu** or **(fe/mi) °ges i 'n synnu**.

__bod modd__ 'that it is possible' – literally 'that there is (**bod**) a way (**modd**)'.

__gan °fod angen__ 'since one needs' – when **gan** is used to mean 'since/because' it is followed by a 'that'-clause (just like other words for 'because', e.g. **achos**, **oherwydd**, **am**), so this literally means 'since that there is a need'. ⇒ MW 504

| Exercise 1

Answer in English:

1   Why is it hard to find someone suitable for the Chair?
2   What was the subject of John Rowlands' research at Oxford?
3   How is Jesus College planning to raise money?
4   Apart from Jesus College, where else has the Chair in Celtic got its funding from up till now?
5   How has Jesus College financed its share of the funding?
6   What two benefits of his time in Oxford does John Rowlands mention?

| Exercise 2

Decide whether the following statements in Welsh are true **(cywir – C)** *or false* **(anghywir – A):**

1   Fe drefnir apêl gan Brifysgol Rhydychen.   C/A
2   Mae'r Athro Thomas Charles-Edwards yn bwriadu ymddeol yn   C/A
     gyfangwbl ym mis Medi.
3   Mae'r Athro Idris Foster yn cyfarwyddo'r apêl am arian.   C/A
4   Mae'r Dyniaethau'n mynd i dderbyn llai o arian o hyn ymlaen.   C/A
5   Coleg Iesu a fydd yn darparu'r holl arian ar gyfer y Gadair   C/A
     Geltaidd o hyn ymlaen.
6   Mae swyddogion y Coleg yn optimistaidd am ddyfodol y Gadair.   C/A

Chapter 22: Y Gweithdy

Golwg magazine has a regular feature (*Y Gweithdy* – The Workshop) where celebs, creative types and other people in the public eye talk about the room in their house where they do their work. This one is about the journalist and radio presenter Kate Crockett, or rather her shed, which is located in the garden of her home in Llandeilo Ferwallt. No, I have never heard of this place either, and I have no idea where it is. Somewhere near Swansea (*Abertawe*), I bet.

Y Gweithdy

Kate Crockett

Sied yng ngardd ei chartref yn Llandeilo Ferwallt ym Mhenrhyn Gŵyr sydd gan y beirniad llenyddol a'r darlledydd Kate Crockett...

Mae cymudo i waelod yr ardd gefn yn ffenomenon fodern mae'n debyg. Sied neu gaban pren yw fy swyddfa i; fe gyrhaeddodd fel cit dwy flynedd yn ôl, a'r gŵr wnaeth y gwaith adeiladu a chodi'r holl silffoedd ar y tu fewn. Cyn hynny roeddwn i'n gweithio wrth y bwrdd bwyd neu ar y gwely, ac roedd y llyfrau'n gorlifo allan o'r tŷ. Erbyn hyn mae'r anialwch i gyd wedi'i symud i'r caban ac mae ychydig yn fwy o drefn ar y tŷ!

Does fawr o olygfa allan drwy'r ffenest - dim ond y ffens sy'n rhannu ein gardd ni a gardd drws nesaf - ond mae'n goediog iawn yma felly mae digon o adar yn galw heibio. Yn yr haf mae'r drws a'r ffenest ar agor led y pen, ac yn hytrach na chau'r drws ar y byd, rydw i'n hoffi gadael ychydig ohono i mewn.

Fan hyn y bydda' i'n paratoi ar gyfer cyfweliadau'r rhaglen **Stiwdio** ar Radio Cymru, yn darllen am gefndir awduron, artistiaid a cherddorion, ac mae cryn dipyn o gardiau post ac ati ar y wal yn waith gan westeion y rhaglen. Mae cynifer o bobol wironeddol greadigol yng Nghymru ac mae cael siarad â nhw yn ysbrydoliaeth.

Ers dros ugain mlynedd nawr rydw i wedi cadw tocynnau gigs a dramâu, ac mae casgliad ohonyn nhw'n addurno'r wal. Fy ngŵr piau'r offerynnau cerdd a'r lluniau lu o'r Beatles ond fi sydd ar fai am yr holl Americana. Dydw i erioed wedi bod yn rhan o Dixie Stompede Dolly Parton - cefais y baner hynny yn anrheg - ond byddwn wrth fy modd yn ymweld â Dollywood rhyw ddydd!

Fy llysfab beintiodd y streipiau trwchus ar y gynfas ddu, a phrynais y ddau brint lliwgar o adeiladau Efrog Newydd a cherddorion yn New Orleans oddi ar Ebay. Mae lluniau o ddau lenor ar y wal hefyd – Kate Roberts yn ifanc - pam ei bod hi wastad yn cael ei phortreadu fel hen berson?- a Dylan Thomas.

Y llynedd fe gyhoeddais i lyfryn am y bardd o Abertawe, fu'n byw am gyfnodau yn y pentref hwn. Byddai'n ymweld â'r dafarn leol am ysbrydoliaeth, ond mae'n rhaid i baned o goffi cryf o'r gegin wneud y tro i fi...

Llyfrau Cymraeg sydd ar y silffoedd yn bennaf. Wn i ddim pryd agorais i'r llyfrau coleg ddiwethaf - **Canu Taliesin, Drych y Prif Oesoedd, Ysgrifeniadau Byrion Morgan Llwyd** - ond mae'n braf gwybod eu bod nhw yma. Mae'r llyfrau'n lluosogi'n wythnosol, wrth i fi baratoi ar gyfer **Stiwdio**, ysgrifennu adolygiadau, a darllen at bleser.

Ac ar y silff uchaf mae'r hanner can llyfr oedd yn gymwys ar gyfer cystadleuaeth Llyfr y Flwyddyn eleni - a'r tri sydd ar y rhestr fer ar fin cael eu darllen eto cyn byddwn ni fel beirniaid yn penderfynu ar yr enillydd ar Orffennaf 7.

Virginia Woolf ysgrifennodd am bwysigrwydd cael ystafell i chi'ch hun, ac mae'r ystafell hon yn cynrychioli'r pethau sy'n bwysig i fi: lluniau o'r teulu a ffrindiau, y llyfrau a luniodd fy nghymeriad, a'r gerddoriaeth a'r gelf sydd wedi fy nghyffroi i ar hyd y blynyddoedd. Nid lle i ddianc iddo yw hwn, ond lle i ddiolch am y pethau hynny.

Geirfa

beirniad (beirniaid) – critic
darlledydd – broadcaster
cymudo – commute
gwaelod – bottom
pren – wood
silff (-oedd) – shelf
gorlifo – overflow
anialwch – chaos
trefn – order
golygfa – view
coediog – wooded
aderyn (adar) – bird
yn hytrach na[h] – rather than
gadael – let
cyfweliad (-au) – interview
cefndir – background
cerddor (-ion) – musician
gwestai (gwesteion) – guest
gwirioneddol – real
ysbrydoliaeth – inspiration
tocyn (-nau) – ticket
casgliad – collection

addurno – decorate
offeryn (-nau) – instrument
baner (-i) – flag, banner
llysfab – stepson
trwchus – thick
lliwgar – colourful
llenor – literary figure
portreadu – portray
llyfryn – booklet
lluosogi – multiply
adolygiad (-au) – review
pleser – pleasure
cystadleuaeth – competition
rhestr °fer – shortlist
enillydd – winner
cynrychioli – represent
cymeriad – character
cerddoriaeth – music
celf – art
cyffroi – excite
dianc – escape

<u>**mae'n °debyg**</u> 'probably' – this phrase is used either at the start of a sentence (with a 'that'-clause) or, as here, tagged on at the end.

<u>**a'r gŵr °wnaeth y gwaith adeiladu**</u> focused sentence: 'and (it was) (my) husband (who) did the building'.

<u>**anialwch**</u> – this word normally means 'desert' or 'wilderness', but the sense here is clearly more like 'chaos'; **llanast** is also very common for something similar: **mae'r lle 'ma'n llanast** 'this place is a tip' – I hear this phrase quite often at home.

<u>**wedi'i symud**</u> 'has been moved' – with **cael** (optionally but perfectly properly) omitted; when a corresponding past participle in English is used strictly as an adjective, however, the removal of **cael** is obligatory – compare: **mae'r ffenest wedi (cael) ei °chau** 'the window has been closed' vs **ffenest wedi'i °chau** 'a closed window'. ⇒ MW 364

<u>**does °fawr o °olygfa**</u> 'there's not much of a view' – learn **does °fawr o°**, it's handy.

<u>**galw heibio**</u> 'call by'.

ar agor led y pen 'wide open'.

cryn °dipyn 'quite a bit', quite a lot'; cryn is also used with nifer 'number': cryn nifer o °bethau 'quite a few things'; and you can use it in front of nouns generally, in the sense of 'quite a bit of' or 'quite some' – see the example gyda ʰchryn °ddiflastod at the start of the letter in Chapter 20.

ac ati 'and so on' – learn this very useful phrase; a similar one is ac yn y blaen, abbreviated ayb.

cynifer 'so many' – the counterpart to cymaint 'so much'; like nearly all quantity words, it uses o° to link it to a following noun, as here: cynifer o °bobol 'so many people'.

°wirioneddol °greadigol 'really creative' – gwirioneddol as an intensifier ('really' = 'very') precedes its adjective, and causes SM; the SM on °wirioneddol itself is because the preceding noun pobol is feminine; the SM on °bobol is because the preceding o° causes SM. You could go on all day like this, couldn't you?

mae cael siarad â nhw yn ysbrydoliaeth – 'getting/being allowed to talk to them is an inspiration' – the entire phrase cael siarad â nhw is the subject of mae.

ugain ⁿmlynedd – notice that, despite official promotion of 'simpler' decimalised forms for the numbers (e.g. dauddeg '20'), this is still how you say '20 years'; same goes for ugain munud '20 minutes' when you're telling the time, and ugain punt '£20'; and the other original numbers are still alive and kicking as well, for example deunaw '18', deuddeg '12', pymtheg '15', and whatever you're having yourself; all the bureaucrats have managed to do is give learners of the language *two* sets of numbers to learn where before there was only *one*. Brilliant. ⇒ MW 164, ⇒ BW U31

fy ⁿngŵr piau 'my husband owns' or '. . . is/are my husband's'; an alternative way of saying fy ⁿngŵr °biau or fy ⁿngŵr sy °biau; note that piau/°biau is not a true VN, and does not use linking yn after sy, which you would of course normally expect. ⇒ MW 393

lluniau °lu 'loads of pictures' – llu means 'host' in the sense of 'large number', and the SM form can be added to plural nouns to mean the same as llawer iawn o°; you will also see on posters for forthcoming events the expression Dewch yn llu 'Come in droves' – yn here, incidentally, meaning not 'in' but 'as'.

fi sydd ar °fai 'I am to blame' – this is always done as a focused sentence in Welsh, starting with the guilty party; ar °fai 'to blame' or 'at fault' is one of a large set of expressions o: temporary states using ar°; other common ones are ar agor 'open', ar °gau 'closed', ar °go: 'lost', ar °ddihun 'awake'. ⇒ MW 426

yn anrheg 'as a present'.

wrth fy ⁿmodd 'delighted' (referring to 'me'); the root word is bodd, with different posses: sives for reference to different persons, for example wrth ei °fodd (i.e. 'him'), wrth ei bod: ('her'), etc.

<u>fy llysfab °beintiodd</u> 'it was my stepson who painted' – focused sentence.

<u>byddai'n ymweld â'r °dafarn °leol</u> 'he used to visit the local pub' – the **byddwn i** (etc.) tense of **bod**, more often a conditional ('would be'), is also used as a past habitual; actually we do the same in English: 'every day he would walk along the beach'. ⇒ MW 319

<u>mae'n rhaid i °baned o °goffi . . . °wneud y tro i fi</u> 'a cup of coffee has to do the trick for me' – learn **gwneud y tro** 'do the trick'.

<u>yn °bennaf</u> 'mainly'.

<u>°wn i °ddim</u> 'I don't know' – this is an alternative for **dw i °ddim yn gwybod**, as are also **dwn i °ddim, dwn 'im, sa i'n gwybod** and **smo fi'n gwybod**; use the one you hear around you. ⇒ MW 322

<u>°ddiwethaf</u> – adverb 'last'; in other words, this word does not belong with the preceding **coleg**, but has its own sense of 'the last time': so **pryd agorais i'r llyfrau coleg °ddiwethaf** means 'when I last opened the college books'.

<u>wrth i fi °baratoi</u> 'as I prepare' – see note to **ers i °ddaeargryn °daro'r °wlad** in Chapter 3.

<u>ar °fin cael eu darllen</u> 'about to be read' – **ar °fin** 'about to' or 'on the point of' (**min** is 'edge') is used with a following VN, in this case **cael** because this is a **cael**-passive.

<u>i chi'ch hun</u> 'for yourself'. ⇒ MW 132

<u>a °luniodd</u> 'which formed' – the relative particle **a°**: see note to **a °fydd yn rhoi grym** in Chapter 12. ⇒ MW 481, ⇒ IW U14

<u>sydd wedi fy °nghyffroi</u> 'which have excited me' – possessive **fy** used for the pronoun object of a VN. ⇒ MW 114

<u>ar hyd y blynyddoedd</u> 'over the years' – **blynyddoedd** (**blynyddau** in some areas) is the plural of **blwyddyn** when there are no numbers involved. ⇒ MW 176

<u>nid lle i °ddianc iddo yw hwn</u> 'this is not a place to escape to' – a negative identification sentence, the only general use of **nid** in the living language; further examples: **nid tedi bach cyffredin mohono bellach** 'he's not an ordinary little teddy any more', **nid Elwyn enillodd** 'it wasn't Elwyn who won', **nid fi sy ar °fai** 'it's not me who is to blame', 'it's not my fault' – these are nearly always exactly like affirmative focused sentences, but with **nid** attached to the front. Simple!

Exercise 1

Answer in English:

1   What remark did Virginia Woolf make about the profession of writing?
2   What objects did Kate pick up in New York?
3   When did she visit Dollywood?
4   How long is the shortlist for Book of the Year?
5   When did Kate publish her book on Dylan Thomas?
6   What kinds of things are on her walls apart from pictures?
7   What is the main feature of the view out of her window?
8   What is Kate's observation about Kate Roberts?
9   What noise is heard in her garden?
10   What is going to happen on 7 July?
11   When did Kate's luxury shed arrive?
12   And where did she use to do her work before getting her luxury shed? Don't just say 'In the house' – make an effort.

Exercise 2

*Decide whether the following statements in Welsh are true (**cywir** – C) or false (**anghywir** – A):*

1   Mae'r mwyafrif o'r llyfrau ar silffoedd Kate wedi'u hysgrifennu   C/A
     yn Gymraeg.
2   Mae Kate yn mwynhau golygfeydd anhygoel o'i ffenest.   C/A
3   Virginia Woolf oedd yn berchen ar y sied flynyddoedd yn ôl   C/A
     cyn i Kate gael ei geni hyd yn oed.
4   Am ryw reswm mae Kate yn hoffi rhoi tocynnau o bob math   C/A
     ar y wal.
5   Gas gan Kate orfod siarad â phobol greadigol.   C/A
6   Gŵr Kate sy'n gyfrifol am yr Americana.   C/A
7   Buodd Kate yn Dollywood am ddiwrnod.   C/A
8   Tydi hi ddim yn agor ei llyfrau coleg yn aml iawn.   C/A

Chapter 23: Harddwch yn y Llymder

This reader's letter that appeared in the pages of the weekly *Y Cymro* recently addresses a subject that is a constant talking point in Wales: **Ble mae'r lle hyllaf yng Nghymru?** 'Where is the ugliest place in Wales?' Indeed, never a day goes by that I don't find myself asking this question, and nobody ever seems to have the answer. Certainly I have quite lost count of the sleepless nights I have had thinking about it, and I know I am not alone in this.

This correspondent at least, however, is certain in his views on one particular (and famous) locality in the Welsh heartlands, and he doesn't pull any punches.

Harddwch yn y llymder

Annwyl Olygydd,

Yn ddiweddar clywais gyda diddordeb grŵp o ymwelwyr mewn tafarn lleol yn cymharu eu profiadau yng Nghymru. Yn sydyn, gofynnodd un ohonynt gwestiwn annisgwyl – Ble mae'r lle hyllaf yng Nghymru?

Cafwyd sawl cynnig ond, yn y diwedd, penderfynodd y mwyafrif mai Blaenau Ffestiniog oedd yn haeddu'r teitl. Roedd yr esboniadau yn ddisgwyliedig, sef – yn y dref mae popeth yn edrych yn llwyd, diflas, digalon, a thrist, medden nhw. Popeth – y tomenni llechi, y chwareli eu hunain, y tai, y stryd fawr, hyd yn oed y trigolion. Mae'r diwydiant wedi taflu cysgod dros yr holl le.

Er hynny, yn fy marn i, dim ond rhan o'r llun yw hyn, ond y rhan hawsaf i weld. Yn ogystal â'r llymder mae harddwch, gwerth ac urddas. Mae'r llechi wedi rhoi i'r byd etifeddiaeth ddifesur.

Mae gweddillion y diwydiant hwn – bythynnod gweithwyr, adeiladau gwag, peiriannau rhydlyd – yn arddangos harddwch eu hun a gwerth. Mae hyd yn oed y mynyddoedd sbwriel o lechi yn tystiolaethu i bennod hanfodol yn ein hanes diwydiannol. Ar ben hynny, mae llawer o'r safleoedd yma yn cael eu llyncu gan natur, a'u trawsnewid yn lleoedd o harddwch a hamdden.

Yn ddiymwad roedd bywydau'r gweithwyr ym Mlaenau Ffestiniog yn galed iawn. Ond, er gwaethaf yr amgylchiadau cynhyrchodd y gweithwyr bethau o harddwch – brawdoliaeth, balchder yn y gwaith a medrau trawiadol.

Efallai y gellir disgrifio Blaenau fel lle caled iawn ond mae disgrifio'r fath leoedd yn hyll gydag agwedd ddiystyriol yn iselbrisio bywydau, medrau a chyfraniad ein hynafiaid.

Roger Kite
Llanandras

Geirfa

harddwch – beauty
llymder – bleakness
diweddar – recent
diddordeb – interest
cymharu – compare
annisgwyl – unexpected
hyll – ugly
cynnig – offer, suggestion
mwyafrif – majority
haeddu – deserve
esboniad (-au) – explanation
disgwyliedig – expected
llwyd – grey
diflas – boring
digalon – dismal, depressing
tomen (-ni) – heap
llechen (llechi) – slate
chwarel (-i) – quarry
trigolion – inhabitants
diwydiant – industry
taflu – throw
cysgod – shadow
yn ogystal â[h] – as well as
gwerth – value
urddas – dignity

etifeddiaeth – heritage
difesur – immeasurable
gweddill (-ion) – remainder
bwthyn (bythynnod) – cottage
rhydlyd – rusty
arddangos – display
mynydd (-oedd) – mountain
tystiolaethu – bear witness to
pennod – chapter
hanfodol – essential
llyncu – swallow
trawsnewid – transform
hamdden – leisure
diymwad – undeniable
amgylchiad (-au) – circumstance
brawdoliaeth – fraternity
balchder – pride
medr (-au) – skill, ability
trawiadol – impressive
agwedd – attitude
diystyriol – deprecating
iselbrisio – undervalue
cyfraniad – contribution
hynafiad (hynafiaid) – ancestor

clywais 'I heard' – a rather formal style with the pronoun omitted.

ohonynt (LW) = **ohonyn nhw**.

Cafwyd sawl cynnig 'there were several suggestions' – literally 'were had', past impersonal of cael (stem **caf-**); similarly, for example, **cafwyd ymateb da** 'there was a good response', etc.

mai – introducing focused clause. ⇒ MW 492

sef 'namely' – learn this useful little word.

medden nhw 'they said' – the quotative verb; see note to **meddai** in Chapter 5. ⇒ MW 392

er hynny 'despite this' or 'nonetheless' – learn as a set phrase; 'despite' is usually **er gwa-etha**, however: **er gwaetha'r tywydd gwael** 'despite the bad weather'; there is an example of this (spelt **er gwaethaf**) further on.

hawsaf 'easiest' – **hawdd** 'easy' has irregular comparative forms **haws** 'easier' and **hawsa(f)** 'easiest', although regular forms **hawddach** and **hawdda** are also encountered. ⇒ MW 106

harddwch eu hun 'their own beauty' – remember that **hun** (or **hunan/hunain**) can mean 'self' or 'own' according to context. ⇒ MW 134, ⇒ IW U27

ar °ben hynny 'furthermore' – another useful expression you should learn.

yn cael eu llyncu – **cael**-passive; the following **'u trawsnewid** is also a **cael**-passive, but with the **cael** simply carried over.

Efallai y gellir disgrifio... 'Perhaps ... can be described' – present/future impersonal of **gallu**; literally this means something like 'perhaps that one can ...' ⇒ MW 334; note the 'that' (**y**) clause which is normal after all words for 'perhaps'. ⇒ MW 436

Mae ... yn iselbrisio – the entire clause **disgrifio'r °fath °leoedd yn hyll gydag agwedd °ddiystyriol** is the subject of the verb **mae**, with **yn iselbrisio** then following.

'r °fath °leoedd 'such places' – for y °fath° see note to **'r °fath ffwlbri** in Chapter 8. ⇒ MW 116

Exercise 1

Answer in English:

1 How does the writer characterise the lives of workers in Blaenau Ffestiniog?
2 What five aspects of Blaenau Ffestiniog are reported as being singled out for criticism?
3 Apart from workers' cottages and houses, what kinds of buildings are mentioned?
4 What positive interpretation does the writer put on the mountains of slate?
5 What description is made of the industrial machinery?
6 What kind of people were discussing this in the pub?

Exercise 2

*Decide whether the following statements in Welsh are true (**cywir** – C) or false (**anghywir** – A):*

1 Caled iawn oedd bywydau gweithwyr Blaenau Ffestiniog.	C/A
2 Mae natur i'w gweld ymhlith y tomenni a'r chwareli.	C/A
3 Gellir gweld peiriannau rhydlyd yn hardd.	C/A
4 Mae'r adeiladau ym Mlaenau Ffestiniog i gyd yn wag erbyn hyn.	C/A
5 Llechi oedd prif ddiwydiant Blaenau Ffestiniog.	C/A
6 Mae llefydd fel hyn wedi cyfrannu at hanes ein gwlad.	C/A

Chapter 24: Fy Hoff Le I

Another article from *Sgrîn*, the viewers' magazine for S4C – this one is a regular feature (*Fy Hoff Le I* – My Favourite Place) where a well-known personality describes some of their favourite places and why they like them. Anni Llŷn is a children's TV presenter and performer – she starts off with localities round Cardiff, and then goes further afield, finishing with her favourite of all – as different from the capital as it's possible to get and still be in Wales.

This piece is written in colloquial Northern Welsh, as you can see from spellings like **cyfadda** (= **cyfadde**), **cloddia** (= **cloddiau**) and **ora** (= **orau**). The very natural and colloquial style of this piece makes it quite a tricky one, with a number of words that are either dialect or for some other reason not to be found in most dictionaries (the gigantic *Geiriadur Prifysgol Cymru* will have them, though) – for example **giami** and **dow-dow**. But it is excellent practice for you as an example of Welsh written as spoken, with not a hint of any LW from beginning to end – and, as you will see, the language certainly doesn't lose anything for it. Quite the contrary, to my mind: what we have here is a demonstration of the vitality of the language at its most authentic.

There are a lot of exciting North Welsh place names in this piece, many of them mutated – enjoy!! And revise your mutations beforehand if necessary.

36

ENNILL DY DEULU
16/00
Llun i Gwener dros
wyliau'r Pasg
O Gymru gan Boomerang
s4c.co.uk/stwnsh

Bellach, dwi'n byw yng Nghaerdydd. Yma mae ngwaith i, felly dyna lle dwi'n byw. Mae hi'n anodd cyfadda hynny, achos hogan o Ben Llŷn ydw i a dydw i mond yn y ddinas dros dro. Dyna dwi'n deud wrtha i fy hun, beth bynnag. Ond mae Caerdydd yn agos iawn at fy nghalon. Dwi wrth fy modd yn loetran i ganol y ddinas, yn enwedig yr ardal o flaen y Llyfrgell Ganolog. Dyma i chi ardal ddifyr wrth i'r darllenwyr, y bwytawyr, y siopwyr stryd fawr a siopwyr unigryw'r Arcêds, gymysgu yn un lobsgóws o eneidiau prysur.

Lle arall yng Nghaerdydd sy wastad yn rhoi rhyw bleser bach i mi ydi gorsaf drenau Grangetown. Dydi hi 'mond yn blatfform uchel, dwy fainc a tho bach giami, a'r negesfwrdd electroneg 'na. Yn fanno, rhwng dau drên, mi fedrwch chi symud sŵn y ddinas i'r cefndir ac edrych allan tuag at gyrion y ddinas.

Ond mae fy hoff lefydd i yn y byd yr holl ffordd i fyny'r A470. Mi fydda i wrth fy modd yn dod rownd y gornel uwchben Cricieth a gweld y môr yn iawn am y tro cynta a Phen Llŷn yn y pellter. Yna, gyrru drwy Bwllheli. Arafu wedyn ar ben Mynytho i gael edrych i lawr ar fyd bach Abersoch a draw am Drwyn Cilan cyn gyrru 'mlaen i goed Nanhoron. Yna, wrth gyrraedd Botwnnog, cipolwg ar draws y caeau tuag at Ysgol Botwnnog i weld os 'di Nain adra yn Nhir Du. Wedi i mi gyrraedd adra, yr iard yn ein tŷ ni ydi un o fy hoff lefydd i, yn enwedig os oes 'na ogla defaid ac ŵyn yn llenwi'r aer.

Ond lle ydi fy hoff le i? Pan o'n i'n fach, ar bnawn dydd Sul mi fyddai'n rhaid i bawb yn ein tŷ ni neidio mewn i'r fan a mynd 'am-dro-dros-ben-Rhiw'. Dringo wedyn, dow-dow i fyny'r lonydd bach i ben mynydd Y Rhiw, gan fynd yn ddigon araf i Tada gael nelu dros ben cloddia! Cyn cyrraedd pwynt ucha'r lôn, ac os byddai'r tywydd yn caniatáu, neidio allan a sefyll ar y clawdd i weld yr olygfa ora yn y byd...wel yn fy myd i beth bynnag. Mi fedrwch chi weld tonnau Porth Neigwl ac ar draws y Penrhyn a chael cipolwg ar Garn Fadryn, tŷ ni, coed Cefn Amlwch, tuag at Dudweiliog, nes gweld y môr yr ochr arall. Ar ôl cymryd yr holl beth i mewn a sylweddoli pa mor lwcus oeddan ni i gyd, gyrru mlaen wedyn drwy bentre Y Rhiw lawr i Aberdaron ac yn ôl am adra. Mi fydda i dal i fynd 'am-dro-dros-ben-Rhiw' pan fydda i'n mynd adra. Mi af i ar fy mhen fy hun, dim ond er mwyn atgoffa fy hun o'r hyn sy'n bwysig mewn bywyd. Felly fanno, ar ben mynydd Y Rhiw yn edrych lawr dros fy nghartref ac ar draws Pen Llŷn, ydi fy hoff le i.

FY HOFF LE I ANNI LLŶN

Geirfa

loetran – loiter, wander	**cae (-au)** – field
llyfrgell – library	**nain** – grandmother
canolog – central	**adra** (= **adre**) – home
difyr – entertaining, fun	**yn enwedig** – especially
cymysgu – mix	**ogla** (= **aroglau**) – smell
lobsgows – hotchpotch	**dafad (defaid)** – sheep
enaid (eneidiau) – soul	**oen (ŵyn)** – lamb
prysur – busy	**llenwi** – fill
mainc – bench	**neidio** – jump
to – roof	**dringo** – climb
giami – wonky	**dow-dow** – in a leisurely fashion
negesfwrdd – message board	**lôn (lonydd)** – lane
cwr (cyrion) – edge	**nelu** (= **anelu**) – aim
uwchben – above	**clawdd (cloddiau)** – hedge
pellter – distance	**ton (-nau)** – wave
arafu – slow down	**sylweddoli** – realise
byd – world	**atgoffa** – remind
cipolwg – glimpse	

Bellach dwi'n byw yng ⁿNghaerdydd 'I live in Cardiff now' – remember that **bellach** (fixed SM) is used rather than **nawr/rwan** when there is an implication of change of circumstance from previously; in this case, that she lives in Cardiff having moved there from somewhere else ⇒ MW 407; **dwi**, incidentally, is very common in informal writing for **dw i**.

cyfadda = **cyfadde** 'admit' – a characterising feature of Northern Welsh dialects is that -e- in the syllable *after* the stressed syllable turns into -a-; so similarly, **adra** 'home', **oeddan ni** 'we were', etc. This also goes for the plural ending -au, which sounds like -e in the S, but -a in the N – often, especially in writing that aims to reflect natural pronunciation, you will see the a- sound so spelt (though interestingly it is not consistently done in this piece).

hogan (= **hogen**) 'girl' – a very common N term, plural **gennod** (= **hogennod**); 'boy' is **hogyn**, plural **hogia** (= **hogiau**).

Pen Llŷn (or **Penrhyn Llŷn**) – the northern peninsula of Wales.

mond 'only' – a contraction of **dim ond** or °**ddim ond**, and the usual way of saying 'only' or 'just' in the spoken language. ⇒ MW 435

dros °**dro** 'temporary' or 'temporarily'.

wrth fy ⁿ**modd** 'happy as can be' – see note in Chapter 22.

o °**flaen** 'in front of' – one of the commonest compound prepositions. ⇒ MW 475

wrth i'r darllenwyr . . . °gymysgu 'as the readers . . . mix' – **wrth** (+ **i°**) as a time conjunction; see note to **ers i °ddaeargryn °daro'r °wlad** in Chapter 3.

wastad 'always' – fixed SM.

rhyw °bleser 'a certain pleasure'.

giami 'wonky' – I expect this is the English word 'gammy' (as in 'gammy leg').

yn fanno (or simply **fanno**, as further on in the piece) 'there' – in spoken Welsh the expressions for 'here' and 'there' are most often done with °**fan** 'place' + contracted forms of **yma** 'here', **yna** 'there', **acw** 'yonder' and **yno** 'there' (places not actually in sight of the speaker) – so, for example, **fanma** or **famma** 'here', **fanna, fancw, fanno** 'there'; **fan hyn** is also very common for 'here'; and all of these can have a prefixed **yn** 'in'. You should get used to hearing these, and use them yourself.

mi °fedrwch chi 'you can' – in N areas **medru** is a common alternative to **gallu** in most uses. ⇒ MW 327–331, ⇒ IW U3

tuag at° 'towards'.

°**lefydd** 'places' – the plural of **lle** is **lleoedd** in the S and (generally) in the written standard, but **llefydd** in the N.

i fyny 'up' – for which the usual S word is **lan**; further on in the piece is **lawr** (= **i lawr**) 'down', which is both N and S.

uwchben 'above' – the opposite is **islaw** 'below, beneath'; these two useful location prepositions should be learnt.

i °gael edrych 'to be able to look'.

a draw am 'and over towards'.

ar °draws 'across' – a compound preposition. ⇒ MW 475, ⇒ IW U25

'**di** = **ydi** – a very common contraction in speech (**wedi**, incidentally, is also frequently shortened to '**di**, so watch out); spelling **ydy** as **ydi** is itself not unusual, particularly in N varieties.

i °weld os 'di Nain adra 'to see if Granny is home' – technically, Welsh has two words for 'home': **adre** ('to home') and **gartre** ('at home'); but in the real world N dialects generally use **adra** (= **adre**, of course) for both, and S dialects tend to use **gartre** for both. I suggest you carefully identify whether you are living in a N or S area, and follow suit.

ogla = **oglau** or **aroglau** 'smell'.

Tada 'Dad, Daddy'; note that this counts as a name, and therefore resists SM here (after **i°**).

nelu = **anelu** 'aim', but here clearly meaning something like 'see the way'.

dros °ben cloddia – 'over the top(s) of the hedges'.

ucha 'highest' – irregular superlative of **uchel** 'high'; note the dropping of the (official) final -f, reflecting normal pronunciation. ⇒ MW **106**, ⇒ IW U7

os byddai'r tywydd yn caniatáu 'if the weather allowed (it)'.

tŷ ni (= **ein tŷ ni**) 'our house' – in this phrase the **ein** is commonly dropped in speech, though it still underlies and so blocks any mutation: **dewch i tŷ ni** 'come to our house'.

nes gweld 'until (you) saw/see' – the VN in Welsh does not specify time or tense, and the translation in English is according to context.

am adra 'for (in the direction of) home'.

dal i °fynd 'still go' – **dal i °VN** is the usual way of saying 'still (do/doing something)'.

Mi af i ar fy ⁿmhen fy hun 'I will go on my own' – very N: look at that affirmative particle **mi°**, and then **hun** instead of **hunan**. A dead giveaway.

| Exercise 1

Answer in English:

1   What place does Anni like in Grangetown?
2   When did the family used to go for a drive?
3   Where does she get her first good view of the sea?
4   What part of her own house does Anni single out?
5   What kind of place is Y Rhiw?
6   How does Anni describe the shoppers in the Arcades?
7   What two areas of woodland are mentioned in the piece?
8   And which of them is closer to Anni's house?
9   What is Anni's favourite part of Cardiff city centre?
10 What tactic does Anni remember using to get the best view in the world?

Exercise 2

*Decide whether the following statements in Welsh are true (**cywir** – C) or false (**anghywir** – A):*

1   Tir Du ydy enw tŷ nain Anni.   C/A
2   Mae cartref Anni i'w weld o'i hoff le.   C/A
3   Mae Anni'n gweithio yn Llyfrgell Ganolog Caerdydd bellach. C/A
4   Mae tŷ Anni'n llawn dop o ddefaid ac ŵyn.   C/A
5   Ym marn Anni, mae llawer gormod o bobol yng nghanol Caerdydd. C/A
6   Cefn Amlwch ydy enw tŷ Anni.   C/A

Chapter 25: Materion Meddygol

Merched y Wawr (*Mudiad Cenedlaethol i Ferched Cymru* 'the National Welsh Women's Move-ment') is an organisation similar (in some ways) to the Women's Institute (WI) in England. It has over 250 branches throughout Wales, and publishes a quarterly magazine *Y Wawr* containing a wide range of material including amongst other things (as listed on their website: www.merchedywawr.co.uk) **materion cyfoes, adolygiadau, lluniau deniadol, cystad-laethau a gwobrau gwych, dyddiaduron personol, llenyddiaeth, ryseitiau blasus, ffasiwn a ffitrwydd** ('current affairs, reviews, eye-catching pictures, competitions with great prizes, personal diaries, literature, tasty recipes, fashion and fitness'). One of its regular features is *Materion Meddygol* ('Medical Matters') in which Dr Llinos Roberts – a GP well known across Wales for her appearances on the media – discusses health issues of one kind or another. This particular article deals with a common ailment of our modern lives and details typical symptoms and remedies.

materion meddygol DR LLINOS ROBERTS

Iselder Ysbryd

Mae'n hen bryd chwalu'r stigma sydd ynghlwm wrth gyflyrau iechyd meddwl, ac iselder ysbryd yn benodol. Mae meddygon teulu yn hynod gyfarwydd â'r cyflwr; hon yn wir yw un o'r problemau mwyaf cyffredin yr ydym yn eu trin yn y syrjeri. Ond eto, mae nifer o bobl yn gyndyn i gyfaddef eu bod yn byw gydag iselder, ac felly yn osgoi gweld meddyg nes bod y symptomau'n rhai difrifol, neu nes bod cyfaill neu berthynas yn dwyn perswâd arnynt bod angen cymorth.

Mae iselder yn hynod gyffredin gyda rhyw 2 o bob 3 oedolyn yn cael eu heffeithio i ryw raddau ar ryw gyfnod yn eu bywydau. Gall y symptomau amrywio, ond mae 1 o bob 4 menyw, ac 1 o bob 10 dyn, yn dioddef symptomau digon difrifol i gyfiawnhau triniaeth.

Mae'r term 'iselder' yn gallu cael ei ddefnyddio'n rhy rwydd. Byddwn yn cwyno'n aml ein bod yn teimlo'n 'isel' neu'n 'ddi-hwyl', ac mae cael cyfnodau byr fel hyn yn rhan annatod o fywyd ac yn gwbl normal. Ar y pegwn arall, mae gwir iselder ysbryd yn peri i berson deimlo'n isel ei ysbryd a i ddioddef symptomau eraill am o leiaf bythefnos.

Beth yw symptomau iselder?

Gall fod yn anodd adnabod symptomau iselder, er bod rhywun efallai yn synhwyro bod rhywbeth o'i le ond yn methu diffinio'r teimladau'n glir. Mae'r symptomau a ganlyn yn cael eu cysylltu ag iselder, ac mae'r rhan fwyaf o bobl ag iselder ysbryd yn dioddef cyfuniad o rai o'r symptomau hyn:

- teimlo'n isel bron bob dydd
- colli diddordeb mewn bywyd, hyd yn oed mewn gweithgareddau sydd fel arfer yn rhoi mwynhad
- teimlo'n anarferol o drist neu'n ddagreuol
- teimladau o euogrwydd, teimlo'n ddiwerth neu'n llawn anobaith
- diffyg brwdfrydedd: tasgau rhwydd yn teimlo'n fwrn
- anhawster canolbwyntio
- anawsterau cysgu: methu syrthio i gysgu, codi'n gynnar a methu mynd nôl i gysgu, neu weithiau'n gorgysgu
- diffyg egni a theimlo'n gysglyd
- anhawster bod yn gariadus tuag at eich cymar
- dim chwant bwyd a cholli pwysau (er bod y gwrthwyneb hefyd yn bosib)
- colli tymer yn hawdd
- symptomau yn dueddol o fod yn waeth y peth cyntaf yn y bore
- symptomau corfforol fel cur pen neu boenau yn y frest
- meddyliau cyson am farwolaeth, neu deimlo nad yw bywyd gwerth ei fyw.

Os ydych yn amau eich bod yn dioddef o iselder yna dylid gweld meddyg teulu. Mae'n bwysig derbyn bod angen trin iselder fel unrhyw gyflwr meddygol arall, er mai'r tueddiad cyffredinol ydy bod nifer yn ceisio anwybyddu'r symptomau, gan obeithio y byddant yn diflannu. Y gofid ydy y gall y symptomau waethygu, gan arwain at gyflwr mwy difrifol sy'n anoddach ei drin.

Os ydych yn amau bod iselder ar rywun rydych yn ei adnabod, ceisiwch drafod y mater yn agored yn hytrach na'i anwybyddu. Awgrymwch y dylai fynd i weld ei feddyg teulu, gan ei sicrhau bod cymorth ar gael i helpu'r symptomau – does dim angen dioddef mewn distawrwydd.

Pa driniaeth?

Yn gyffredinol mae'r driniaeth yn amrywio, gan ddibynnu ar ddifrifoldeb y symptomau. Os nad yw'r symptomau'n ddifrifol, gallai'r meddyg teulu awgrymu triniaeth seicolegol ar ffurf cwnsela. Mae ymchwil hefyd yn dangos bod ymarfer corff yn gallu bod yn fuddiol ar gyfer trin iselder, a gall mynd am dro bob diwrnod liniaru'r symptomau. Mae nifer o opsiynau hunan-ddisgyblu ar gael hefyd, ar ffurf llyfrau, tapiau neu raglenni ar y we, sydd yn annog pobl i helpu eu hunain.

Os yw symptomau'r iselder yn fwy difrifol, gallai'r meddyg hefyd drafod dechrau meddyginiaethau penodol ar gyfer iselder. Dros y blynyddoedd mae'r meddyginiaethau hyn wedi amrywio, ac mae'r tabledi sydd fel arfer yn cael eu defnyddio erbyn hyn yn achosi llai o sgil effeithiau na'r math a ddefnyddid flynyddoedd yn ôl. Os yw'r tabledi yn achosi sgil effeithiau, efallai y bydd angen eu newid. Mae'r symptomau fel arfer yn dechrau cilio ar ôl 2-4 wythnos o gymryd y tabledi. Mae cwrs fel arfer yn para o leiaf chwe mis ond, os yw'r tabledi'n cael eu stopio'n rhy gynnar, gall y symptomau ailddechrau.

Yn ogystal â defnyddio meddyginiaethau gall y meddyg drafod triniaeth seicolegol arall, sef Therapi Ymddygiad Gwybyddol (*Cognitive Behavioural Therapy*), sydd ar gael mewn rhai ardaloedd, ac sydd yn debyg i driniaeth cwnsela ond yn fwy arbenigol.

Mae cymorth ar gael i drin iselder. Peidiwch â dioddef mewn distawrwydd.

Geirfa

chwalu – get rid of
ynghlwm wrth° – bound up with
cyflwr (cyflyrau) – condition
penodol – particular
meddyg (-on) – doctor
cyfarwydd â^h – familiar with
cyndyn – obstinate
osgoi – avoid
difrifol – serious
cyfaill – friend
perthynas – relation
oedolyn – adult
effeithio – affect
amrywio – vary
menyw – woman
cyfiawnhau – justify, warrant
triniaeth – treatment
rhwydd – easy
annatod – intrinsic
pegwn – pole
peri – cause
adnabod – recognise
synhwyro – sense
diffinio – define, describe
cyfuniad – combination
gweithgaredd (-au) – activity
mwynhad – enjoyment
anarferol – unusual
dagreuol – tearful
euogrwydd – guilt
anobaith – hopelessness

diffyg – lack
brwdfrydedd – enthusiasm
bwrn – burden
anhawster (anawsterau) – difficulty
canolbwyntio – concentrate
cariadus – affectionate
cymar – partner
chwant bwyd – appetite
gwrthwyneb – opposite, contrary
tymer – temper
corfforol – physical
cur pen – headache
poen (-au) – pain
cyson – regular
marwolaeth – death
anwybyddu – ignore
diflannu – disappear
gofid – trouble
gwaethygu – worsen
distawrwydd – silence
cwnsela – counsel (v)
buddiol – beneficial
opsiwn (opsiynau) – option
hunan-ddisgyblu – self-discipline
meddyginiaeth (-au) – medication
sgil effeithiau – side-effects
math – type
achosi – cause (v)
cilio – recede
ailddechrau – start again
arbenigol – specialised

iselder ysbryd 'depression' – literally 'lowness (of) spirit'; 'depressed' is done with the relevant possessive adjective, so for example **mae e'n isel ei ysbryd** 'he's depressed', literally 'he is low (as to) his spirit'; similarly **mae hi'n isel ei hysbryd** 'she's depressed', **o'n i'n teimlo braidd yn isel 'n ysbryd** 'I was feeling a bit down'; there's an example coming up in the third paragraph.

syrjeri – a commonly used loanword; it corresponds to the Welsh term **meddygfa**.

nes bod . . . yn dwyn perswâd arnynt 'until . . . persuades them' – literally 'bring persuasion on them'; there is a word **perswadio** 'persuade' as well, but I like **dwyn perswâd ar°** better: it's a bit more Welsh, isn't it?; there is a Welsh verb **darbwyllo** 'persuade', and **argyhoeddi** 'convince' is also sometimes used in this sense; the primary meaning of **dwyn** in everyday contexts nowadays is 'steal', and it is the normal word for this; also, it has an unexpected stem: **dyg-** – so, for example, **fe °ddygodd e °gar** 'he stole a car'; the **arnynt** is LW for **arnyn nhw**, of course.

<u>**yn hynod °gyffredin**</u> 'awfully common'.

<u>**i °ryw °raddau**</u> 'to some degree/extent' – learn this phrase, and also **i °raddau helaeth** 'to a great extent'; and note the plural in Welsh in both cases (**gradd** 'degree').

<u>**fel hyn**</u> 'like this'.

<u>**gwir iselder ysbryd**</u> 'real depression' – in this sense **gwir°** comes before the noun and causes SM (not visible in this instance, of course).

<u>**Gall °fod yn anodd**</u> 'It can be difficult' – no need for a pronoun 'it' here in Welsh; remember that – unlike English – third person singular pronouns can be routinely omitted if the sense is obvious without them; and in LW this principle is extended much further.

<u>**bod rhywbeth o'i °le**</u> 'that something is wrong' – 'literally 'from its place'; a stronger expression than **beth sy'n bod?** 'what's wrong?' – **o'i °le** definitely has an implication that something has actually gone wrong.

<u>**'r symptomau a °ganlyn**</u> 'the following symptoms' – you can use the phrase **a °ganlyn** (actually verbal – 'which follow(s)') practically as an adjective after a noun; similarly, for example, **y neges a °ganlyn** 'the following message', **yr opsiynau a °ganlyn** 'the following options'; the true adjective **canlynol** is an alternative: **y symptomau canlynol, y neges °ganlynol**, etc.

<u>**'r rhan °fwyaf o °bobl**</u> 'most people' – **y rhan °fwya o°** ('the greater part of') is the usual way to say 'most' + noun.

<u>**yn °dueddol o °fod yn °waeth**</u> 'tend to be worse' – there is a verb **tueddu** 'tend', but the adjective **tueddol** 'tending' is probably more common in this kind of sentence; note that it is followed by **o** + °VN.

<u>**amau**</u> – the more frequent meaning is 'doubt', but here it means 'suspect'.

<u>**dylid**</u> 'one should' – a useful impersonal, and you might also like to learn **gellid** 'one could'; other than these examples, however, the **-id** ending is strictly for writing – see note to **a °ddefnyddid** further on. ⇒ MW 338

<u>**er mai'r tueddiad cyffredinol ydy bod . . .**</u> 'although the general tendency is that . . .'. ⇒ MW 506, 509

<u>**gan °obeithio y byddant yn diflannu**</u> 'in the hope that they will disappear' – **byddant** (LW) = **byddan nhw**; **y** here is the word for subordinate clause 'that'. ⇒ MW 490, ⇒ IW UI2

ceisiwch °drafod y mater yn agored 'try and discuss the matter openly'.

gan ei sicrhau 'while assuring him/her'. ⇒ MW 114

Os nad yw'r symptomau . . . 'If the symptoms are not'; without the **os** 'if', we would use °**ddim** in the normal way for a negative: **dyw'r symptomau °ddim** 'the symptoms are not'; but simply sticking **os** on the front of this (i.e. **os dyw'r symptomau °ddim**) doesn't sound all that wonderful, and a much better formulation is with **nad** and no °**ddim** (some speakers have the °**ddim** as well – **os nad yw'r symptomau °ddim** – though it's not needed since the negative is in the **nad**); **ydy** is of course possible in place of **yw**, depending on region – e.g. **os nad ydy'r symptomau . . .**

ar ffurf cwnsela 'in the form of counselling' – the VN **cwnsela** here used as a noun.

ymarfer corff 'physical exercise' – learn this common idiom.

gall mynd am °dro °bob diwrnod °liniaru . . . 'going for a walk every day can ease . . .' – the whole phrase **mynd am °dro °bob diwrnod** is the subject of the verb **gall**, with SM on °**liniaru** (**lliniaru**) marking the end of the subject phrase.

erbyn hyn 'these days' – learn this useful idiom.

a °ddefnyddid 'that were used', 'that used to be used' – this is an imperfect impersonal, absent from the spoken language and not that common in writing, except perhaps in historical narrative where it has obvious uses and relevance – we will encounter more of these in Chapters 29 and 33 towards the end of the book; the ordinary past tense impersonal ending in **-wyd** (so **defnyddiwyd**), however, is, as we have already seen, very common in writing and the media, and is not unknown even in spoken varieties in at least some parts of Wales. ⇒ IW U40

yn °debyg i °driniaeth cwnsela 'similar to counselling treatment' – VN used as an adjective, which is perfectly fine in Welsh of course.

Exercise 1

Answer in English:

1   What is the first course of action suggested if you suspect you're suffering from depression?
2   What is the suggestion if the tablets cause side-effects?
3   What can happen to your weight if you're depressed?
4   What effects on sleep are identified?
5   In what way are today's tablets an improvement on those available to previous generations?
6   What self-help resources are recommended?
7   With what general piece of advice does Dr Roberts sum up this article?

8   When do symptoms tend to be worse?
9   What is the problem with the term **iselder**?
10 At least how long does a course of tablets usually last?
11 What two physical symptoms are mentioned as typical?
12 What percentage of people are affected by depression at some point in their lives?

Exercise 2

*Decide whether the following statements in Welsh are true (**cywir** – C) or false (**anghywir** – A):*

1	Fel arfer mae cwrs tabledi yn erbyn iselder yn para am hanner blwyddyn.	C/A
2	Gall colli pwysau fod yn arwydd o iselder.	C/A
3	Mae rhai pobol ag iselder ysbryd yn teimlo'n ddiwerth.	C/A
4	Tydi triniaeth ar ffurf cwnsela ddim yn helpu o gwbl.	C/A
5	Gall cymar rhy gariadus achosi iselder ysbryd.	C/A
6	Mae'n holl-bwysig dioddef mewn distawrwydd os oes modd.	C/A

Here we pause, reader, having walked together the road from little kiddie adverts, past letters to editors, newspaper articles and reports, the Welsh blogosphere and much else, admiring the grammatical scenery in all its finery along the way. We now approach the more forbidding country of Welsh literature. If you would walk no further with me on this journey, I could not blame you – it is no easy road that lies ahead.

Chapter 26: Aros a Myned

Our first piece of literature is a fairly gentle one, and a well known one as well – John Ceiriog Hughes (1832–1877), bardic name Ceiriog, enjoyed considerable acclaim as one of the most popular and accessible Welsh-language poets of the latter half of the nineteenth century. His poems are simple in structure and designed with a view to musical accompaniment, and are not without a certain sentimentality that was perhaps a bit more to the taste of his contemporary audiences than those of today.

This poem is part of a sequence of over twenty comprising the pastoral work *Alun Mabon*, which won Ceiriog a prize at the 1861 Eisteddfod Genedlaethol – the eponymous hero is a Welsh agricultural worker, representing the ordinary people of Wales, and this very famous and (even today) very popular poem harks back to an idealised Wales of the past.

One of the main difficulties in this piece is non-standard word order – for example **Ar arferion Cymru gynt newid ddaeth**, which really means **Daeth newid ar arferion Cymru gynt** – but this is a common enough characteristic of poetry and songs in many languages besides Welsh, and should present few problems once we have got used to it. Note also several instances of focused constructions – a feature of Welsh syntax that is as natural in the living spoken language as in literature, and one which we have had many occasions to identify in earlier pieces.

Aros a Myned

Aros mae'r mynyddau mawr,
Rhuo trostynt mae y gwynt;
Clywir eto gyda'r wawr
Gân bugeiliaid megis cynt.
Eto tyf y llygad dydd
O gylch traed y graig a'r bryn,
Ond bugeiliaid newydd sydd
Ar yr hen fynyddoedd hyn.

Ar arferion Cymru gynt
Newid ddaeth o rod i rod;
Mae cenhedlaeth wedi mynd
A chenhedlaeth wedi dod.
Wedi oes dymhestlog hir
Alun Mabon mwy nid yw,
Ond mae'r heniaith yn y tir
A'r alawon hen yn fyw.

Geirfa

mynydd (-oedd, -au) – mountain	**craig** – rock
rhuo – roar	**bryn** – hill
gwawr – dawn	**arfer (-ion)** – custom
cân – song	**cenhedlaeth** – generation
bugail (bugeiliaid) – shepherd	**oes** – age
megis – like	**tymhestlog** – stormy
cynt – earlier, formerly	**alaw (-on)** – tune, melody
tyfu – grow, increase	

<u>Aros mae</u> . . . Focused sentence with the VN **aros** placed at the start for emphasis – the neutral version would be **Mae'r mynyddau'n aros**; notice that the **yn** linking the VN and **bod** in the normal sentence is dropped when the VN moves to the front (i.e. we *don't* say *__Yn aros mae . . .__). ⇒ MW 18, ⇒ IW U32

<u>mynyddau</u> – the standard plural of this word these days is **mynyddoedd**, but many regions use the -**au** plural as here. Get over it.

<u>trostynt</u> 'over them' – in the modern language, except in very formal styles, the preposition **tros°** is almost always encountered in its mutated form **dros°** – this is now, to all intents and purposes, a fixed mutation; the -**nt** ending is of course LW, so **trostynt** = **drostyn nhw**.

<u>mae y</u> for **mae'r**, to add a syllable for reasons of scansion.

<u>°gân</u> – the SM here is because of *sangiad* (see note to °**gysylltu** in Chapter 8), i.e. the phrase **clywir cân** has been split by the insertion of the words **eto gyda'r °wawr**. ⇒ MW 11 (e)

<u>tyf</u> 'grows' – the LW present third person singular of **tyfu**; in the spoken language this would always be **mae'n tyfu**, because the present tense is of course formed by using present tense of **bod** + **yn** + VN.

<u>y llygad dydd</u> 'the daisy' – more usually these days the name of this flower is **llygad y dydd**, perhaps this slight difference is for poetic reasons; **llygad** is 'eye', so the genitive phrase **llygad y dydd** is 'day's eye', which is exactly what the English name means as well! 'Dais-y', see? Neat!

<u>o °gylch</u> 'around' – a compound preposition, more usually **o amgylch** these days. ⇒ MW 475

<u>bugeiliaid newydd sydd ar</u> . . . – focused version (for emphasis) of **mae bugeiliaid newydd ar** . . . ⇒ MW 19, ⇒ IW U33

<u>newid °ddaeth</u> – focused version (for emphasis) of **daeth newid**; the VN **newid** here is used as a noun in its own right, as all VNs can be, so: 'change has come'.

o °rod i °rod 'from day to day' or 'from age to age' – **rhod** is an old word for 'wheel' (the modern term is **olwyn**, plural **olwynion**), now used mainly in more figurative senses such as 'orbit' or, as in this idiom, 'turn' or 'cycle' of the earth or seasons.

wedi 'after' = **ar ôl**, which is more common in this sense these days.

mwy nid yw 'is no more'.

yn °fyw 'alive' – the SM after **yn** shows that this is the adjective 'alive' rather than the VN 'live'.

Exercise 1

*Decide whether the following statements in Welsh about the content of the piece are true (**cywir** – C) or false (**anghywir** – A):*

1   Llefydd gwyntog iawn ydy'r mynyddoedd.   C/A
2   Mae'r iaith Gymraeg bellach wedi marw.   C/A
3   Mae'r mynyddoedd yn hŷn na'r bugeiliaid.   C/A
4   Aros yn ei wely bob bore tan yn hwyr bydd y bugail fel arfer.   C/A
5   Does neb yn cofio'r hen alawon bellach.   C/A
6   Mae llygad y dydd yn tyfu ar ben y mynydd.   C/A

Exercise 2

Cyfieithwch i'r Saesneg:

1   Roedd y gwyntoedd yn rhuo dros y mynyddoedd.
2   Mae'r heniaith yn dal i fyw.
3   Mi ddaeth newid i fywyd y bugail.
4   Mae cenhedlaeth ar ôl cenhedlaeth wedi gweithio ar dir Cymru.
5   Mae llawer o bobol erbyn hyn wedi anghofio hen arferion y wlad.
6   Blodyn bychan iawn yw llygad y dydd.

Chapter 27: Un Nos Ola Leuad

Caradog Prichard's novel *Un Nos Ola Leuad* (*One Moonlit Night*), was quickly recognised as a landmark in modern Welsh literature when it was published in 1961, and it remains one of the most famous and widely read Welsh-language novels – it has been a set text in schools and universities in Wales for years, and has been translated into many languages. It was turned into a Welsh-language film in 1991. Its dark themes (the effect on a young boy of his mother's mental illness, and the gradual descent into chaos that this entails), its weirdly mythological moments and its semi-'stream of consciousness' narrative style give the novel a unique character – a strangely dislocated autobiographical picture of village life in a slate-quarrying community in North Wales during the First World War. Prichard was born in Bethesda in 1904 and died in 1980, having spent much of his life in London, working primarily as a journalist. His early work as a poet won him the Crown at the National Ei-steddfod three years running (1927 to 1929), and he won the Chair in 1962.

There are a number of linguistic features to be aware of in this lively and engaging style of writing. First and foremost, the writer aims throughout the novel to convey a colloquial and conversational style, as befits a child narrator. The Welsh in this piece therefore is a close representation of spoken N Welsh – with various spelling conventions that are not part of the standard written language, but instead reflect pronunciation. Chief among these are:

-a- instead of -e- in post-stress syllables – examples here are **cerddad**, **gwynab**, **adra**, **rhywla**, **dynas**, **eistadd**, **gorffan**, **llechan**, **roeddan**.

-a- instead of the post-stress endings -au and -ai – examples are **dechra**, **bocha**, **hitha**, **finna**, **ffrindia**, **fflamia**, **basa**.

distinctively N words, for example **o** (= **e** 'he/him'), **fo** (= **fe** 'he/him'), **rwan** (= **nawr** 'now'), **hogyn** (= **bachgen** 'boy'), **dynes** (= **menyw** 'woman'), **dwad** (= **dod** 'come'), **ddaru** (past tense auxiliary).

individual spellings reflecting normal pronunciation – for example **gneud** (= **gwneud** 'do, make'), **i** (= **ei** 'his/her') – though this latter is inconsistently applied here, with the standard spelling also putting in an appearance.

Another prominent stylistic feature is the frequent use of the formula **dyma** + subject + **yn** VN as a sort of historic present instead of a narrative past tense, to convey immediacy; so for example **Dyma fi'n gneud = Nes i** 'I made'; **dyma finna'n agor y giat = agorais i'r giat** 'I opened the gate'.

Note also the frequent use of the extended variants of the personal pronouns **finnau** (< **fi**), **innau** (< **i**), **hithau** (< **hi**) – common enough still in speech, though mainly confined to certain constructions, of which the type explained under **a hitha'n siarad** below is probably the most usual.

The circumflex accents are sometimes omitted, notably on **â**, where there is no effect on pronunciation – though this also is rather inconsistently applied.

Quotation marks are absent from the novel, and dialogue and narrative are distinguished by context alone, or by **medda hi** 'she said' and **meddwn i** 'I said'.

In this extract, the young boy narrator has taken the wrong way home and comes across a farm, where he is invited in and makes a friend.

Un Nos Ola Leuad

Dyna pam y sefais i wrth y giat am yn hir iawn, ofn mynd at y drws, am fod yna gi'n cyfarth yn y cefn yn rhywla. Roeddwn i ar fentro agor y giat pan ddaeth dynas i'r drws a gwynab clên ganddi hi a llygaid glas a gwallt gwyn a bocha cochion, a dyma finna'n dechrau agor y giat.

Be wyt ti eisio, machgan i? medda hi.

Eisio diod dest a thagu, meddwn inna.

Rargian fawr, mae golwg wedi blino arnat ti, tyrd yma iti gael glasiad o laeth enwyn. Gymi di frechdan efo fo?

Cymera, os gwelwch chi'n dda, meddwn i, a mynd trwy'r giat i sefyll wrth y drws a hitha'n siarad efo fi o'r gegin.

Wedi bod yn hel llus ar Ben Foel a cholli mhisar a tun bwyd a colli'r ffordd a dwad i lawr i fanma, meddwn i.

Y peth bach, medda rhywun arall yn y gegin.

Dyma chdi, yfa di hwn a bwyta di'r frechdan yma. Mi fyddi di'n iawn wedyn. Eistadd yn fan yma. O lle'r wyt ti'n dwad?

O Pentra.

Mae gen ti lot o ffordd i fynd i lawr Lôn Bost.

Diolch yn fowr iawn ichi, meddwn i, a chymryd y frechdan fawr o'i llaw hi a glasiad mawr o laeth a mynd i eistadd ar y sêt lechan o dan y ffenast. Mi fydda i'n iawn i gerddad am filltiroedd ar ôl hwn.

Pan oeddwn i wrthi'n yfad pwy ddaeth rownd talcan y tŷ fel fflamia ond y ci oeddwn i wedi glywad yn cyfarth yn y cefn. Gad ti lonydd i'r hogyn bach, Toss, medda rhywun o'r gegin, a dyma Toss yn stopio'n stond pan welodd o fi'n eistadd ar y sêt lechan.

Ci defaid mawr oedd o, a llygaid yr un lliw â llygaid tseini ganddo fo. Mi ddaru chwrnu dipyn bach i ddechra a finna ofn basa fo'n brathu. Dyma fi'n gneud sŵn run fath a siws efo ngheg.

Tyrd yma, Toss bach, meddwn i, a phan glywodd o fi'n deud i enw fo, dyma fo'n ysgwyd i gwnffon ac yn agor i geg a'i dafod allan run fath â fydd cwn pan fyddan nhw'n chwerthin.

Tyrd yma, Toss bach, meddwn i wedyn, a thorri tamaid o mrechdan a'i roid o ar ymyl y sêt lechan. Wedyn dyma fo'n dwad yn slo bach ac ysgwyd ei gwnffon a chymryd y tamaid yn ei geg oddiar y sêt. Pan dorrais i damaid arall iddo fo, mi gymerodd hwnnw yn fy llaw i, ac wedyn rhoid ei draed blaen ar fy mhennaglinia i a dechra llyfu ngwynab i. Roeddan ni'n ffrindia mawr mewn dau funud, ac ar ôl iddo fo a finna orffan bwyta'r frechdan, dyma ni'n chwara taflyd cerrig yn y cae am dipyn bach. Ac wedyn dyma fi'n mynd a'r glas gwag yn ôl a cnocio'n drws, a Toss yn rhedag i mewn i'r gegin.

Dyna chdi rwan, medda'r ddynas bocha cochion wrth gymryd y glas. Mae golwg dipyn gwell arnat ti rwan, machgan i. Dos di adra ar dy union rwan, neu mi fydd dy Fam yn dechra poeni amdanat ti.

Mi a i. Diolch yn fowr ichi. Faint ydi oed Toss?

Pedairarddeg.

Esgob, mae o'n hynach na fi. Pnawn da.

Cau'r giat ar dy ôl, medda hitha.

Geirfa

sefyll – stand
giat – gate
cyfarth – bark
yn rhywle – somewhere
mentro – dare, risk
clên – kind
boch (-au) – cheek
tagu – choke
golwg – look (n)
glasiad (= glasiaid) – glass(ful)
llaeth enwyn – buttermilk
llusen (llus) – bilberry
pisar (= piser) – jug, pitcher
tun – tin
fanma – here
lôn – lane
sêt – seat
llechan (= llechen) – slate
milltir (-oedd) – mile

talcan (= talcen) – end (of building)
ci defaid – sheepdog
lliw – colour
chwrnu (= chwyrnu) – snarl
brathu – bite
siws (= sws) – kiss
ysgwyd – shake, wag
cwnffon (= cynffon) – tail
tafod – tongue
tamaid – piece
ymyl – edge, side
oddiar – (from) off
llyfu – lick
carreg (cerrig) – stone
cae – field
gwag – empty
poeni – worry
oed – age

am yn hir iawn 'for a very long time'.

ofn 'fear' – normally a noun, with a corresponding verb **ofni**; but in this piece the writer uses the noun almost as a pseudo-verb (i.e. like **angen** 'need', with no linking **yn**; so **dw i angen** 'I need' and similarly **dw i ofn** 'I fear') – see further down **a finna ofn basa fo'n brathu** 'and me fearing he would bite'.

am °fod yna 'because there was'.

yn rhywla (= **yn rhywle**) 'somewhere' – although **rhywle** on its own is quite normal for this, many speakers add **yn** 'in' to the phrase, perhaps by analogy with related phrases like **ymhobman** 'everywhere' and **yn unlle** or **nunlle** 'nowhere'.

ar °fentro 'about to risk/try'. ⇒ MW **449** **(b)**

dynas (= **dynes**) – the normal N word for 'woman'.

ⁿmachgan i 'my boy', 'my lad' – this NM of **bachgen** is a fixed phrase, while the usual word for 'boy' in the N is **hogyn**, as further down.

dest a ʰthagu 'almost choking' – **dest** (or perhaps more commonly these days **jest**) is the English loanword 'just'; i.e. 'just (about to) choke'.

Rargian °fawr 'Good gracious!' or 'Good lord!' – also available without the °**fawr**: **Rargian!** Learn both and use judiciously.

mae golwg wedi blino arnat ti 'you look tired' – take **golwg wedi blino** together as the subject: literally, 'there is a tired (**wedi blino**) look (**golwg**) on you'.

tyrd 'come' – the N singular command form of **dod** (which itself is **dwad** in most of the N, by the way), and almost invariably pronounced **tyd** in normal speech; the S counterpart is **dere**. ⇒ MW **381**, ⇒ BW U24

°Gymi di = **°Gymeri di** 'Will you take/have?'

°frechdan – these days **brechdan** (or **bechdan**) is the usual word for 'sandwich', but its original meaning was, as here, a slice of bread and butter, and it is still so used in the N.

Cymera 'I will (take)' – affirmative response (and therefore no need for the pronoun **i**) to **°Gymi di . . . ?** further up.

a hitha'n siarad 'while she spoke' or 'with her speaking' – literally 'and she speaking'; **hithau** (the standard spelling) is the extended (or contrastive, or emphatic) variant of **hi**; **a** + extended pronoun + **yn** VN is perhaps the most common construction in colloquial Welsh requiring the extended pronouns – a frequent example on radio and television news bulletins is A **hithau'n tynnu at hanner awr wedi saith, dyma'r penawdau** 'With it approaching half past seven, here are the headlines'. ⇒ MW **131**, ⇒ IW U27

<u>Wedi bod . . . fanma</u> – a succession of VNs with the initial auxiliary verb and subject (**dw i** in all cases) omitted but understood; we would have to add it in English, which, unlike Welsh, has a rule forbidding the omission of the subject in complete sentences.

<u>dwad</u> = **dod** – both words derive from **dyfod**, and **dwad** (two syllables, stress on the **w**) is the norm all over the N.

<u>Y peth bach</u> 'Poor little thing'.

<u>Dyma chdi</u> 'Here you are' – **chdi** = **ti** in many N areas, particularly on its own (i.e. not as part of an ending) – so similarly **efo chdi** = S **gyda ti**; further down, though, we have **amdanat ti**, where **ti** is really part of the ending **-at ti**.

<u>yfa di</u> 'you drink' – **yfa** is simply the singular imperative of **yfed** (stem **yf-**); the **di** (occasionally **ti** – see note on **Gad ti °lonydd i'r hogyn bach** below) is added to this, in the same way as the English equivalent, to soften the command, or draw a contrast; similarly, for example, **aros di fan hyn** 'you wait here', **gofala di am y plant** 'you look after the kids' (i.e. while I do something else). ⇒ MW 377–379, ⇒ BW U24

<u>O lle'r wyt ti'n dwad</u> – note fixed non-mutation of **lle** when it means 'where' (we would normally expect SM after **o°** – and indeed some dialects do say **o °le . . .** for this); if you use the widely promoted **ble** (which comes from **pa °le** 'what place'), then that's already got a fixed SM, so you *don't* change it to **fle.

<u>O Pentra</u> 'from (the) Village' – another example of fixed non-mutation, this time probably because **Pentra** (i.e. **pentre**) is almost like a proper name (he's talking about a particular locality that both he and the woman are familiar with), and these are resistant to mutation for many speakers.

<u>Mae gen ti lot</u> 'You've got a lot' – while **llawer** is promoted in official circles for 'a lot', 'much', the well-established loanword **lot** is more common in ordinary speech with native speakers and learners alike. I'd be perfectly happy for you to use it. Though I like **llawer** as well.

<u>°fowr</u> = **°fawr** – a very common pronunciation all over Wales.

<u>meddwn i</u> 'I said'.

<u>Pan oeddwn i wrthi'n yfad</u> 'while I was drinking' – **wrthi** ('at it') + **yn** + VN is a useful way of expressing action in progress. ⇒ MW 470

<u>fel fflamia</u> 'like a rocket' – literally 'like flames'.

<u>y ci oeddwn i wedi °glywad</u> 'the dog I had heard'.

<u>Gad ti °lonydd i'r hogyn bach</u> 'You leave the little lad in peace', 'You leave the little lad alone'.

<u>**stopio'n stond**</u> 'stop dead in his tracks'.

<u>**llygaid tseini**</u> 'glass eyes' – literally 'china eyes', which is what they were made of.

<u>**Mi ddaru chwrnu °dipyn bach**</u> 'He snarled a little bit', 'He gave a little snarl'; the past tense formed with the invariable auxiliary **ddaru** is an archetypal N feature. ⇒ MW 301, ⇒ IW UIO

<u>**run °fath a**</u> 'like' – literally 'the same kind as'.

<u>**deud**</u> = **dweud** – pronounced this way all over the N; note also the imperative **dudwch**.

<u>**i enw fo**</u> 'his name' – **i** = official spelling **ei**; you should always pronounce it **i** in any case – they only added an **e** because somebody decided it came from the Latin word for 'his/ her' *eius* (which it doesn't, of course).

<u>**a'i °roid o**</u> 'and put it' – **rhoid** (VN) is an alternative for **rhoi** 'put, give'.

<u>**yn slo bach**</u> 'very slowly' – **slo** is obviously an English loanword for **araf**.

<u>**mi °gymerodd hwnnw**</u> 'he took that (one)'.

<u>**ar fy ⁿmhennaglinia**</u> 'on my knees' – the writer treats **pen-glin** 'knee' as a double noun and puts a plural ending on both parts, so **pennau gliniau**; the more usual plural these days is **pen-gliniau**.

<u>**ⁿngwynab**</u> 'my face' – the standard word for 'face' doesn't begin with **g-: wyneb**; but many areas use a variant **gwyneb/gwynab**, here with NM.

<u>**ar ôl iddo fo a finna °orffan**</u> 'after he and I had finished'; **orffan** is **°orffen** from **gorffen**.

<u>**taflyd**</u> 'throw' = **taflu** – both variants have the same stem **tafl-**.

<u>**wrth °gymryd**</u> 'as (she) took'.

<u>**Dos di**</u> 'You go' – just as **tyrd!** 'come!' is the N equivalent of S **dere!**, so **dos** 'go!' is the N equivalent of S **cer!** ⇒ MW 381, ⇒ BW U24

<u>**ar dy union**</u> 'straight away' – the possessive **dy** changes, depending on who is being talked about; for example, 'he went straight away' would be **mi aeth o ar ei union**, 'we went straight away' **mi aethon ni ar ein hunion**.

<u>**Mi a i**</u> 'I will (go)' – short future of **mynd**. ⇒ MW 305, ⇒ IW U2

<u>**Esgob**</u> – this means 'bishop', but it is widely used as a mild expletive . . . draw your own conclusions. But how do we translate it? 'Blimey'? 'Crikey'? 'Gosh'? 'Well I never'? 'Goodness gracious'? The list is as endless as it is futile.

hynach 'older' – **hen** 'old' has various competing comparatives, including also **henach** and **hŷn**. I say pick the one you like the most.

Exercise 1

Answer in English:

1   Including the narrator, how many people are mentioned in this extract?
2   What did the boy lose while he was out?
3   What game does the boy play with the dog?
4   What would be the English name of the road the boy will have to take home?
5   What reason does the woman give for him to go straight home?
6   What is the boy's response to the dog's snarl?
7   What final instruction does the boy receive?
8   What does the boy say about the beneficial effects of the food and drink?
9   What two things does the dog do after taking the second piece of bread?
10 Where is the location in the house of the seat the boy sits on?

Exercise 2

*Decide whether the following dog-related statements in Welsh are true (**cywir** – C) or false (**ang-hywir** – A):*

1	Toss ydy enw'r ci.	C/A
2	Mae cŵn yng Nghymru'n medru chwerthin.	C/A
3	Tydi'r ci 'ma ddim yn gyfeillgar i ddechrau.	C/A
4	Does gan Toss ddim cynffon, druan ohono.	C/A
5	Mae Toss yn mwynhau gêmau taflu cerrig.	C/A
6	Tydi'r ci 'ma ddim yn cael rhannu bwyd pobol.	C/A

Chapter 28: Meic Stephens

This is the opening section of a book review by the broadcaster and journalist Rhun ap Iorwerth that appeared in the literary and cultural magazine *Taliesin* in Spring 2011. The book under review is *A Bard for Highgrove: A Likely Story* (Cambria Books 2010) by Meic Stephens – a prominent and prolific commentator on Welsh literary culture in both languages, and a champion of the literary arts in Wales for over forty years. After a brief but telling excursion to somewhere a world away from Wales, the reviewer brings us back home with some pertinent observations on the nation's schizophrenic attitude to one of the main targets of this political satire: the monarchy.

The *Geirfa* for this piece sometimes gives the root of a word rather than the word itself, to give you an extra challenge and some useful thinking practice.

Meic Stephens

Yn yr Aifft ddwy flynedd yn ôl, carcharwyd gwas sifil am ysgrifennu cerdd ddychanol am yr Arlywydd Hosni Mubarak. Fe wyddom bellach, yn sgil y protestiadau diweddar yn y wlad honno, bod Mubarak yn ddyn sydd braidd yn ddiamynedd gyda'i feirniaid. Pwy a ŵyr faint o fardd oedd y gwas sifil Moneer Said Hanna mewn gwirionedd. Does dim modd darllen ei waith – penderfynodd y papur newydd a gyhoeddodd apêl am ei ryddhau beidio ag argraffu'r gerdd a bechodd. Bardd amatur oedd Moneer yn sicr, ond roedd ei gyfeillion a'i gydweithwyr wedi mwynhau ei ymdrechion cynnar, ac roedd hynny'n ddigon o anogaeth iddo. Cafodd amser i gyfansoddi ymhellach y tu ôl i farrau cell. Ar destun gwahanol, yn amlwg.

Gellir dychmygu Meic Stephens hefyd yn mynd i drybini mewn sawl gwlad yn y byd. Nid llenor amatur mo hwn, ond awdur toreithiog sy'n fwy na pharod i hogi arfau yn erbyn y 'drefn'. Yn ei nofel ddiweddaraf, does brin 'run sefydliad, ac ychydig iawn o ffigyrau cenedlaethol yng Nghymru yn dianc rhag min diwahân ei gyllell ddychanol. Mae'r achos yn ei erbyn, o deyrnfradwriaeth lenyddol eithafol, yn un rhyfeddol o gryf.

Fel yr awgrymir yn y teitl, y sefydliad brenhinol yw prif destun y dychan, ac yn benodol, y Tywysog Charles – sydd *'just like you or me, really, but not as bright'* – a'i dîm o gynghorwyr a thaeogion. Ond yn ogystal â bod yn gocyn hitio'r nofel, mae'r Tywysog yn chwarae un o ddwy rôl, gan ddibynnu ar safbwynt gwleidyddol y darllenydd. I'r Cenedlaetholwr Cymreig fo yw'r arwr (coeliwch neu beidio!): dyma'r Owain Glyndŵr newydd sy'n meiddio ysgwyd y drefn er mwyn *'codi'r hen wlad yn ei hôl'*, sy'n gwneud iawn am ladd Llywelyn ein Llyw Olaf, ac yn mynnu dyfodol llewyrchus i hen iaith Ynys y Cedyrn. Penodi Bardd Llys yn unol â hen draddodiadau'r uchelwyr yw'r cam cyntaf. Bydd darllenwyr eraill yn gweld Charles fel bradwr sy'n iro llethr llithrig datganoli, yn ymyrryd yn gwbl anghyfansoddiadol mewn materion gwleidyddol nad oes a wnelon nhw ddim â fo ac yn mentro arwain Cymru ar siwrnai chwithig tuag at annibyniaeth.

(published in *Taliesin* 142, Spring 2011)

Geirfa

yr Aifft – Egypt
carcharu – imprison
gwas – servant
dychan – satire
arlywydd – president
yn sgil – in the wake of
amynedd – patience
beirniad (-niaid) – critic
modd – way, method
cyfaill (cyfeillion) – friend
ymdrech (-ion) – effort
annog – urge, encourage
cyfansoddi – compose
testun – text, subject
dychymyg – imagination
trybini – trouble, misfortune
llên – literature
toreithiog – prolific
hogi – sharpen
arf (-au) – weapon
sefydliad – institution, establishment
min – edge
diwahân – indiscriminate
teyrn – sovereign
bradu – betray

llenyddiaeth – literature
eithaf – extremity
penodol – particular
cynghori – advise
taeog (-ion) – underling
cocyn hitio – target (metaphorical)
safbwynt – viewpoint
gwleidyddiaeth – politics
cenedlaethol – national
meiddio – dare
ysgwyd – shake
lladd – kill
mynnu – demand
dyfodol – future
llewyrch – brightness, shine
penodi – appoint
traddodiad (-au) – tradition
uchel – high
iro – grease, oil (v)
datganoli – devolve
ymyrryd – interfere
cyfansoddiad – constitution
siwrnai – journey
chwithig – awkward, difficult
dibynnol – dependent

°**ddwy** °**flynedd yn ôl** 'two years ago' – remember SM is used at the start of time expressions to indicate 'time when' something happened; similarly, for example, °**bythefnos i heddiw** 'a fortnight today', °**ganol yr wythdegau** 'in the mid-80s'. ⇒ MW 403

carcharwyd 'was/were imprisoned' – the past impersonal form, by far the commonest type in most forms of written Welsh, and very prevalent in the news media. ⇒ MW 367, 372–373, ⇒ IW U23

Fe °**wyddom bellach** 'we now know' – **gwyddom** is LW for **dan ni'n gwybod**.

Pwy a °**ŵyr** 'Who knows' – a rhetorical phrase that should be learnt; the less formal **Pwy sy'n gwybod?**, on the other hand, is not rhetorical and is used when you really want to find out who knows. ⇒ MW 322, ⇒ IW U28

mewn gwirionedd 'actually', 'really' – learn this useful phrase.

Penderfynodd . . . °**beidio** – the entire phrase **y papur newydd a** °**gyhoeddodd apêl am ei** °**ryddhau** is the subject, then comes the verb **penderfynodd**, and then °**beidio** and the rest of the sentence.

argraffu'r °**gerdd a** °**bechodd** 'print the offending poem' – **pechu** is 'sin', so literally '. . . the poem that sinned'.

Gellir 'One can/may' – a useful present/future impersonal (of **gallu**) that is quite frequent in writing, followed of course by a VN. ⇒ MW 334

Nid llenor amatur mo hwn 'This is no amateur writer'.

sy'n °**fwy na** ʰ**pharod** 'who is more than ready'.

does °**brin 'run . . .** 'there is scarcely a single . . .' – **yr un** with negative verbs means 'not one', 'not a single', and frequently displaces the **ddim**, so similarly, for example, °**weles i'r un** °**foronen** 'I didn't see a single carrot'.

yn ei erbyn 'against him' – the compound preposition **yn erbyn**.

rhyfeddol o °**gryf** 'extraordinarily strong' – **rhyfeddol** usually means 'wonderful', but as an adjective qualifier, as here, I think 'extraordinarily' is the word.

yn ogystal â bod 'as well as being' – you should learn **yn ogystal (â)** 'as well (as)' = 'also'; don't confuse it with the related adjective/adverb **cystal** 'as good/well'; compare: **Maen nhw'n siarad Cymraeg yn ogystal** 'They speak Welsh as well', and **Maen nhw'n siarad Cymraeg cystal â chi** 'They speak Welsh as well as you (do)'.

gan °**ddibynnu ar** 'depending on'.

fo yw'r arwr 'he is the hero' – focused sentence, emphasising **fo** 'he' (as opposed to anyone else).

coeliwch neu °beidio 'believe it or not' – learn this phrase; some speakers say instead **credwch neu °beidio**, which is OK I suppose. You might also like to learn **ʰChoeliwch chi °ddim!** 'You'll never believe it!'.

sy'n gwneud iawn am° 'which makes up for'.

am °ladd Llywelyn – careful . . . not 'for killing Llywelyn' but 'for the killing of Llywelyn'.

ein Llyw Olaf 'our last steersman/leader' – among Welsh speakers a universally recognised epithet for Llywelyn ap Gruffudd (c. 1225–1282), Prince of Wales and Gwynedd before the country was conquered by Edward I of England.

Ynys y Cedyrn 'Island of the Strong/Steadfast' – another well-known epithet, this one referring to the Island of Britain; this name is particularly associated with the Welsh legends, notably the Mabinogi (*Pedair Cainc y Mabinogi*); **cedyrn** (used here as a noun) is the plural of the adjective **cadarn**, though you won't hear it much except in set phrases like this.

yn unol âʰ 'in accordance with' – learn this phrase.

llethr llithrig 'slippery slope' – a nicely alliterating phrase that nicely alliterates in English as well!

datganoli – you will need to take this VN as a noun rather than a verb, and you will need an 'of' in front of it.

nad oes a °wnelon nhw °ddim â fo 'that have nothing to do with him' – learn the basic construction **does a °wnelo x ddim âʰ y** '*x* has nothing to do with *y*'; grammar fans will again be pleased to know that **gwnelo** is a subjunctive form of **gwneud**. ⇒ MW 390, ⇒ IW U39

tuag at° 'towards' – not to be confused with **tuaʰ** on its own, which also means 'towards', but usually these days in the metaphorical sense of 'approximately' or 'round about': **tua chwech o'r °gloch** 'towards/at about six o'clock', **tua'r Nadolig** 'round about Christmas'.

Exercise 1

Answer in English:

1   What is said to determine readers' attitudes to Prince Charles?
2   What was Moneer Said Hanna's offence?
3   And what did he do in his cell?
4   Apart from the monarchy, what targets does Meic Stephens set in his sights in this novel?
5   What comment is made about Mubarak's temperament?
6   What charge is made against Charles's involvement with politics?

Exercise 2

*Decide whether the following statements in Welsh about the content of the piece are true (**cywir** – C) or false (**anghywir** – A):*

1   Mae llawer iawn o sefydliadau Cymreig yn cael eu dychanu yn y nofel.   C/A
2   Buodd Meic Stephens mewn sawl gwlad.   C/A
3   Mae Moneer Said Hanna'n fardd enwog.   C/A
4   Mae gan y Tywysog Charles dîm o daeogion.   C/A
5   Bydd rhai darllenwyr yn gweld y Tywysog fel arwr.   C/A
6   Roedd Hanna'n dal i sgrifennu am Mubarak yn ei gell.   C/A

Exercise 3:

Cyfieithwch i'r Saesneg:

1   Rhaid inni fod yn barod i hogi'n harfau.
2   Roedd protestiadau'n ddiweddar yn erbyn yr awdurdodau.
3   Mae Cymru wedi dechrau ar y siwrnai tuag at annibyniaeth.
4   Penodi tywysog newydd fydd ein cam cyntaf ar ôl dod i rym.
5   Awgrymwyd i'r bardd y dylai cyfansoddi cerdd ar destun gwahanol.
6   Fe gyhoeddodd y papurau newydd lythyrau'n protestio yn erbyn carcharu'r llenor.

Chapter 29: Llechi

In 1989 the mass-market publishers Penguin marked a milestone in their long history by publishing *Hanes Cymru* by John Davies – the first Welsh-language title in their list. A second edition followed in 2006, and an English translation *The History of Wales* (which you won't be needing) had already appeared in 1994. It is widely regarded as the best single-volume treatment of the subject, not least for the sweep of its vision and the liveliness of its narrative.

This short extract (a longer one awaits us in Chapter 33) concerns the varying fortunes of one of the most important industries in Wales in the nineteenth century. The language combines a certain formality of tone with a brisk narrative pace; some specifically literary features are to be seen – mostly verb forms as usual – but on the whole, with assistance from the notes, this piece should not present too many difficulties. It might encourage you to secure yourself a copy of *Hanes Cymru*. I would be in favour of such a decision.

Llechi

Erbyn y 1830au, dim ond gan un o °ddiwydiannau'r gogledd yr oedd rhagolygon disglair. Y diwydiant llechi oedd hwnnw. °Ddechrau'r °ganrif, yr oedd ffrwyth ymdrechion Richard Pennant yn amlwg. Pan fu ef farw yn 1808, deuai incwm o £7,000 y °flwyddyn o'i chwareli ym ⁿmhlwyf Llandygai. Ceisiodd Assheton Smith o'r °Faenol ei efelychu yn Llanberis, ac erbyn degawd cynta'r °ganrif yr oedd ffyniant y diwydiant llechi'n °ddigon i °ddenu cyfalaf o'r tu allan i °Wynedd, yn arbennig i °fro Ffestiniog, yr unig ardal chwarelyddol lle bu buddsoddiad o °Loegr yn allweddol i'w datblygiad. Bu dyfodiad heddwch yn 1815 yn hwb i'r diwydiant, canys yr oedd angen gwneud iawn am esgeuluso buddsoddi mewn adeiladu adeg y rhyfel. Mewn gwrthgyferbyniad â gweddill diwydiannau'r gogledd, nid oedd gan chwareli Gwynedd unrhyw °gystadleuwyr o °bwys.

Datrysid rhai o'r problemau trafnidiaeth trwy adeiladu tramffyrdd rhwng y chwareli a'r môr a ʰthrwy °ddatblygu porthladdoedd; yn 1821 crëwyd Porthmadog yn °benodol i °wasanaethu'r °fasnach °lechi.

Geirfa

diwydiant – industry
rhagolwg (rhagolygon) – prospect
disglair – bright
llechen (llechi) – slate
ymdrech (-ion) – effort
chwarel (-i) – quarry
plwyf – parish
efelychu – imitate
degawd – decade
ffyniant – prosperity, thriving
denu – attract
cyfalaf – capital (n)
ardal – region
buddsoddiad – investment

allweddol – key (adj), crucial
datblygiad – development
dyfodiad – coming, advent
heddwch – peace
hwb – boost
esgeuluso – neglect
gwrthgyferbyniad – contrast
gweddill – rest, remainder
cystadleuydd (-leuwyr) – competitor
datrys – solve
trafnidiaeth – transport
porthladd (-oedd) – harbour
gwasanaethu – serve
masnach – trade

dim ond gan . . . yr oedd 'only . . . had' – literally 'only with . . . was there'.

Pan °fu ef °farw 'When he died' – **bu °farw** is the normal way of saying 'died' even in non-literary style; there is also **buon nhw °farw** 'they died'; and in some areas of Wales you will hear **marwodd**. ⇒ MW 395

deuai 'was coming' – the LW imperfect of **dod**, equivalent to **roedd yn dod**. ⇒ IW U39

o'r tu allan i °Wynedd 'from outside Gwynedd'.

yr unig ardal 'the only region'.

i'w 'to its' – **i** + **ei** becomes **i'w** in all styles of Welsh. ⇒ MW 112

canys yr oedd angen 'since there was a need' – **canys** 'since' (in the sense of 'because') is a word very largely restricted to formal styles of Welsh: the spoken equivalent is usually **gan °fod**, so here **gan °fod angen**; **am °fod** is also encountered.

gwneud iawn am° 'make up for' – learn this idiom.

adeg y rhyfel 'at the time of the war', 'during the war' – the noun **adeg** 'time', 'period' can be used on its own almost as a preposition, particularly with specific events; similarly, for example, **adeg y Streic °Gyffredinol** 'at the time of the General Strike'; note also **adeg hynny** 'at that time', for which one also hears **°bryd hynny**. ⇒ MW 406

o °bwys 'important' – literally 'of weight'; note the expression **pobol o °bwys** 'important people', often used (it seems to me) with heavy irony.

Datrysid 'was/were solved' – LW imperfect impersonal of **datrys**. ⇒ IW U40

Exercise 1

Answer in English:

1 What two pieces of infrastructure solved transport problems?
2 What was special about investment in the industry at Ffestiniog?
3 In what way did quarries in Gwynedd differ from other industries in the north?
4 When did capital investment begin to come into the slate industry from outside Gwynedd?
5 Did the industry's fortunes change for better or for worse in 1815, and why?
6 What event took place in 1808?

Exercise 2

*Decide whether the following statements in Welsh are true (**cywir** – C) or false (**anghywir** – A):*

1 Roedd Porthmadog wedi bod yn borthladd ers canrifoedd.	C/A
2 Fe gafodd Assheton Smith ei efelychu gan Richard Pennant.	C/A
3 Doedd dim llawer o adeiladu wedi bod yn ystod y rhyfel.	C/A
4 Mi ddaeth heddwch i ben ym 1815.	C/A
5 Gadawodd Pennant £7,000 i'w deulu ar ôl ei farwolaeth.	C/A
6 Roedd chwareli Gwynedd i gyd wedi'u lleoli ar lan y môr.	C/A

Chapter 30: Y Trydydd Peth

Siân Melangell Dafydd is an author and art historian from Llwyneinion in Gwynedd. She is co-editor of the highly regarded literary and cultural review *Taliesin*. This piece is from her novel *Y Trydydd Peth* (*The Third Thing*), which won her the Prose Medal (*Y Fedal Ryddiaith*) at the 2009 National Eisteddfod. It is the life reminiscence of George Owens, marked above all by his lifelong affinity to water and, in particular, to the River Dee (*Dyfrdwy*) that winds through the region of North Wales where he grew up. A lifelong swimmer, he comes to feel that he has been born to the guardianship of the river, and by way of legitimising, for himself at least, this position of responsibility, he decides to swim the river from its source near Llanuwchllyn (close to the author's own birthplace) to the sea, where its estuary forms the southern boundary of the Wirral. In this extract, however, George takes us back to his early days when he first properly took up the swimming that is to become a central aspect of his later life, and one which will bind him ever closer to the element that rules him.

There are many examples of focused sentences in this piece, starting with the first one. Although Welsh is a verb-first language, at least where normal sentences are concerned, this narrative in natural and colloquial style demonstrates how common the technique of displacing the verb with some other element for emphasis is in Welsh – much more so than in English, which has a much less flexible attitude to word order than Welsh and therefore tends to rely more on intonation as the main way of conveying emphasis. Being aware of this, and putting it into practice where fitting, will enhance your spoken (and written) Welsh and make it sound (and look) more authentic.

Y Trydydd Peth

Gwyllt maen nhw'n fy ngalw i.

Gwylliaid cochion.

George Wyllt.

A nofio gwyllt mae pobl yn ei ddweud. Y tro cynta i mi gofio nofio o ddifrif oedd yn fachgen a gorfod deffro'r Richard 'na drwy daflu cerrig mân at ei ffenest yn y bore. Fi oedd ei gloc larwm a fo oedd pencampwr nofio gogledd Cymru.

Ar wyliau, hefo Mam ac Elsi oeddwn i. Dwi'm yn meddwl fod Marged o gwmpas, eto. Heb Dad hefyd, ond heb Dad oedd petha fel'na, fel arfer. Aros hefo Anti Esther Emily roedden ni: yr un oedd yn casglu porslen, felly doedd fiw i ni chware pêl. Roedd hi'n hen hefyd, ddim yn siarad Cymraeg ac yn gwisgo pocedi dyfnion o hyd. Rois i lygod bach, un ym mhob un, rhyw fore, a'i chlywed hi'n sgrechian allan yn y stryd.

Pwll nofio sgwâr, hallt oedd yno. Hanner yn y môr, hanner ddim. Rhywbeth o frics. Cregyn gleision wedi'u glynu wrtho, hefo'r rhai eraill yna sydd fel pebyll bach caled, pigog. Miniog, y cwbl lot ohonyn nhw, hyd yn oed ar y sodlau caleta. Ac roedd o wedi'i greu er pleser plant, fel eu bod nhw'n medru nofio yn y môr heb orfod nofio *yn* y môr go iawn. Dim llanw, dim crancod, dim dagrau.

Yn y tŷ drws nesa yr oedd Richard yn byw, hefo'i fam a'i dad a'i Jack Russell. Lot o blorod arno, dwi'n cofio, Richard. Roeddwn i wedi clywed hen ddigon am ei gampau, ei gystadlu, a'r ffaith ei fod o'n medru nofio i mewn i'r môr nes nad oedd neb yn ei weld o, ac yna'n ôl yn un darn. Ro'n i'n meddwl bod nofio efo fo'n fraint. Felly mi fyddai o'n disgwyl i mi fod yn gloc larwm iddo fo bob bore er mwyn cyrraedd y pwll cyn pawb arall. Cyn yr oedolion, oedd y tric. Doeddwn i ddim am ei guro fo, ond doeddwn i ddim am fod yn rhy bell y tu ôl iddo fo chwaith, felly cadw i fyny efo pob strôc oeddwn i'n trio'i wneud, a nofio 'nôl a blaen ffwl pelt rhwng hanner awr wedi chwech a hanner awr wedi saith. 'Cael y lle i gyd i ni'n dau – anhygoel,' fyddai o'n ei ddweud bob bore wrth gerdded yn ôl adre tra byddwn i'n chwythu'r halen o 'nhrwyn ac i mewn i'r gwrychoedd wrth basio, yn sychu 'mhen hefo gwlanen a gobeithio na fyddai neb yn clywed oglau halen arna i wrth i mi gamu o 'ngwely'n damp, agor y 'ngheg a dweud, 'Bore da.' A'r peth penna: gobeithio fod Elsi, yn y gwely arall, heb ddeffro eto. Ond da oedd mynd ben bore fel'na. Torri'r rheolau. Peidio gorfod talu. Dyna roddodd y blas i mi ar nofio answyddogol, siŵr o fod. Waeth befo'r halen. Waeth befo'r cregyn miniog. Doedd neb yn gwybod 'mod i yno. A dyna oedd y peth.

(from *Y Trydydd Peth* by Siân Melangell Dafydd, published by Gwasg Gomer, 2009)

Geirfa

gwyllt – wild
gorfod – have to, must
cerrig mân – pebbles
cloc larwm – alarm clock
pencampwr – champion
gwyliau – holiday(s)
casglu – collect
dwfn – deep
llygoden (llygod) – mouse
sgrechian – yell, screech
bricsen (brics) – brick
cregyn gleision – mussels
glynu – stick, adhere
pabell (pebyll) – tent
pigog – sharp, spiky
miniog – sharp
sawdl (sodlau) – heel
creu – create
llanw – tide

cranc (-od) – crab
deigryn (dagrau) – tear
ploryn (plorod) – spot, pimple
camp (-au) – feat
darn – piece
braint – privilege
oedolyn (oedolion) – adult
curo – beat
anhygoel – incredible
chwythu – blow
trwyn – nose
gwrych (-oedd) – hedge
sychu – dry, dry off
gwlanen – flannel
camu – step (v)
deffro – wake up
rheol (-au) – rule
answyddogol – unofficial, illicit

<u>Gwylliaid cochion</u> 'Red bandits' – a reference (suggested by the similar word **gwyllt** in the previous line) to the *Gwylliaid Cochion Mawddwy*, a band of robbers active in Meirionnydd in the sixteenth century, whose exploits passed into folklore.

<u>mae pobl yn ei °ddweud</u> 'people say'.

<u>o °ddifrif</u> 'serious' – learn this useful phrase (usually **o °ddifri** in speech), and note the difference between this and the word **difrifol**, which tends to mean 'serious' in a bad sense – **mae'r sefyllfa'n °ddifrifol** 'the situation is serious'.

<u>eto</u> 'yet' – remember that **eto** can mean either 'again' or 'yet'; you can tell them apart – when **eto** means 'yet', there is usually some negative sense to the context, as here.

<u>fel arfer</u> 'usually' – another phrase that has two meanings: 'usually' or 'as usual'; again, context will nearly always allow you to pick the right translation.

<u>doedd fiw i ni chware</u> 'we didn't dare play' – also **doedd wiw i°** with the same meaning; the present tense is **does fiw/wiw i°** – **does fiw i mi °wrthod** 'I daren't refuse'. ⇒ MW 359

<u>yn gwisgo . . . o hyd</u> 'always wearing' – there is an adverb **wastad** meaning 'always', but the phrase **o hyd** is a common alternative when there is a particular sense of 'constantly' or 'repeatedly': **mae'n siarad o hyd am ei °blentyndod** 'he's always going on about his childhood'; **o hyd** also means 'still' in some contexts: **dan ni yma o hyd** 'we're still here'.

<u>°Rois i</u> 'I put' – **rhoi** has a choice of stem: **rhodd-** or **rhoi-**, so 'I put' can be **rhoddais i** or **rhoiais i**; this is a shortened version of the second one, with the SM that is customary on verbs with endings generally in speech; the other stem **rhodd-** is used further down (**Dyna °roddodd y blas i mi**).

<u>hallt</u> this word usually means 'severe' these days (**beirniadu'n hallt** 'severely criticise'), but it actually means 'salty', and it is this literal meaning that we have here: **pwll sgwâr, hallt** 'a square salt-water pool'.

<u>y cwbl lot ohonyn nhw</u> 'the whole lot of them'.

<u>y môr go iawn</u> 'the real sea' – **go iawn** acts like an adjective (it comes after the noun), and is the normal way of saying 'real' in the sense of 'genuine'.

<u>hen °ddigon</u> 'quite enough' or 'enough and more' – learn this common idiom.

<u>nes nad oedd neb yn ei °weld o</u> 'until nobody could see him'.

<u>disgwyl i mi °fod</u> 'expect me to be'.

<u>Doeddwn i °ddim am°</u> 'I didn't want to/wasn't going to' – remember that verb 'to be' + **am°** + VN signifies intention. ⇒ MW 448 (e)

<u>rhy °bell y tu ôl iddo fo</u> 'too far behind him' – **y tu ôl**, or just **tu ôl**, is one of a set of location words with **tu** (an old word for 'side'); others include **tu allan** 'outside', **tu cefn** 'behind', **tu hwnt** 'beyond'; they are followed by **i°**, as here. ⇒ MW 422

<u>chwaith</u> 'either' – used with negative sentences; **dw i °ddim eisiau mynd chwaith** 'I don't want to go either', **°welon ni °ddim byd chwaith** 'we didn't see anything either'. ⇒ MW 430, 513

<u>y lle i gyd i ni'n dau</u> 'the whole place to ourselves' – note **ni'n dau** 'us two'; similarly **chi'ch dau** 'you two'; 'the two of them' is **ill dau**; **dwy** instead of **dau** in all cases if it's two females. ⇒ MW 169

<u>o ⁿnhrwyn</u> 'from my nose'.

<u>na °fyddai neb yn clywed oglau halen</u> 'that nobody would smell the salt' – while **clywed** generally corresponds to 'hear', the Welsh term has a broader range of meaning, as shown by its use with **oglau** '(a) smell'; obviously to translate this as 'hear a smell' would be the action of an idiot, so clearly the wider meaning of this word is something like 'sense' or 'perceive'.

<u>'r peth penna</u> 'the main thing'.

<u>Ond da oedd mynd °ben bore</u> 'But it was good to be out and about first thing in the morning'.

<u>Peidio gorfod talu</u> 'Not having to pay'.

<u>Dyna °roddodd y blas i mi ar°</u> 'That's what gave me the taste for' – note that 'a taste of' and 'a taste for' are both **blas ar°** in Welsh.

<u>answyddogol</u> this usually means 'unofficial', but in **nofio answyddogol** here the sense is 'illicit', as the preceding two short phrases make clear.

<u>°Waeth befo'r halen</u> 'Never mind the salt' – the useful phrase **°waeth befo** (+ noun) should be learnt; similarly, for example, **°waeth befo'r canlyniadau** 'never mind the consequences'; you should also know and use **hitiwch befo** (often pronounced **hitsiwch befo**), which is used for 'Never mind' on its own: **hitiwch befo, awn ni yfory** 'never mind, we'll go tomorrow'; or **hitiwch befo am°** + noun: **hitiwch befo am y tywydd** 'never mind about the weather'.

Exercise 1

Answer in English:

1 What was the pool constructed of?
2 What kind of people was it important to beat to the pool?
3 Who did Aunty Esther Emily speak Welsh to?
4 And what made her scream?
5 What are the two main advantages of the pool?
6 How did George carry out the job he had to do for Richard?

Exercise 2

*Decide whether the following statements in Welsh about the content of the piece are true (**cywir** – C) or false (**anghywir** – A):*

1   Roedd Richard yn nofiwr cryfach na George.   C/A
2   Roedd Anti Esther Emily yn eitha ifanc.   C/A
3   Doedd oedolion ddim yn cael nofio yn y pwll môr.   C/A
4   Roedd George yn falch o gael nofio efo Richard.   C/A
5   Roedd gan Richard gi bach annwyl.   C/A
6   Roedd Richard yn byw efo'i rieni.   C/A
7   Roedd gan George ddwy chwaer ar y pryd.   C/A
8   Roedd George yn gorfod taflu cregyn gleision at ffenest ei ffrind.   C/A

Chapter 31: Y Caeau Cochion

The nineteenth-century novelist Daniel Owen (1836–1895) is considered one of the pre-eminent literary figures in the Welsh language, and perhaps its greatest novelist. Certainly his second work *Rhys Lewis* (published 1885 – full title *Hunangofiant Rhys Lewis, Gweinidog Bethel* 'Reminiscences of Rhys Lewis, Minister of Bethel'), is widely regarded as the first true novel in Welsh; it was followed by two further novels, *Enoc Huws* (1891) and *Gwen Tomos* (1894), and a collection of short stories *Straeon y Pentan* published in the year of his death.

A miner's son born in Mold in north-east Wales, he received no formal education other than attendance at Sunday School. At the age of 12 he became a tailor's apprentice, and it was during this early period in his life that he started writing poems. Indeed, it seems that his time here and his association with his co-workers provided him with a stimulating philosophical and literary environment. Politics and religion were common talking points, and there were readings from the works of both English and Welsh authors of the day. Owen's ambitions to become ordained were thwarted by his brother's marriage, by which event the responsibility for caring for his sisters and mother was passed down to Daniel, forcing him to abandon his studies. He returned to the tailor's shop, where he worked for the rest of his life, in the end as owner.

The religious side of his life continued in the form of lay-preaching, but fragile health forced him to eventually give this up, and he turned instead to the novel-writing for which he would later be famous.

Owen's language is a very formal literary style, and you will naturally see numerous LW verb forms in this kind of writing – look out particularly for the third person **-ai** ending of the imperfect (naturally common in narrative) and the various impersonal forms, for example the imperfect impersonal **-id** 'was/were . . . -ed', which makes a number of appearances in this piece.

Y Caeau Cochion

Yr oedd y Caeau Cochion yn un o °brif °weithfeydd y °gymdogaeth y magwyd fi ynddi; ac yr oedd yn cyflogi – a ʰchyfrif y bechgyn – °rai cannoedd o °bobl. Saeson, os wyf yn cofio'n °dda, oedd yr holl °berchenogion. Ar un adeg goruchwylid holl "°danddaearolion °bethau" y gwaith gan °Gymro syml ac onest o'r enw Abraham Jones, diacon gyda'r Annibynwyr. Yr oedd ef yn °ŵr pwyllog ac yn meddu synnwyr cryf a dylanwad mawr ar y gweithwyr a oedd dan ei °ofal. Pa anghydwelediad bynnag a °godai ymhlith y dynion, nid oedd eisiau ond i Abraham Jones °gyflafareddu, a ʰthawelai popeth yn union. Dirgelwch ei °ddylanwad ydoedd ei °graffter neilltuol i °ganfod trigle'r bai, a'r ymddiried llwyr a oedd gan °bawb yn ei °onestrwydd a'i °grefydd. Profasai ei hun bob amser yn °gyfaill calon i'r gweithwyr, am y gwyddai'n °dda beth oedd bod yn °weithiwr ei hun.

Perthynai iddo un anfantais °fawr yn ei °gysylltiad â'i uchelwyr; amherffaith iawn oedd ei Saesneg; ac yn eu cyngoriaethau parai hyn iddo ymddangos ar adegau heb °fod mor °gwbl syth yn ei stori ag y dymunasai; ac ymboenai yntau yn °fawr o'r herwydd. Dywedwyd wrtho un diwrnod yng ⁿnghyfarfod y cyfarwyddwyr mai gwell oedd iddo ymadael, gan °fod ganddynt °ŵr o Sais tebycach o °wneud ei °orchwyl yn °well, a hefyd o °allu rhoddi adroddiad cyflawnach o sefyllfa'r gwaith. Gyda'r gair, teimlodd Abraham Jones °faich mawr yn syrthio oddi ar ei ysgwyddau; cymerodd ei het, moesymgrymodd iddynt, ac aeth allan. Pan aeth yn ôl i'r gwaith, a hysbysu'r dynion am y newydd, yr oedd yno °alar a gofid nid ychydig. Awgrymid, a dywedid yn lled °groyw gan y gweithwyr nad unrhyw anfedrusrwydd nac anffyddlondeb ar °ran Abraham Jones a °barodd i'r cyfarwyddwyr ei annog i ymadael, ond mai eisiau oedd ar °rai ohonynt °wneud lle i °gyfaill iddynt a oedd mewn angen am °fara. Pa un ai cam ai cymwys, parodd y °grediniaeth hon i'r gweithwyr °gasáu Mr Strangle, eu goruchwyliwr newydd, cyn iddynt erioed °weled ei wyneb.

Geirfa

gweithfa (-feydd) – works, workplace
cymdogaeth – neighbourhood
cyflogi – employ
cant (cannoedd) – hundred
goruchwylio – supervise
diacon – deacon
Annibynwyr – Independents
pwyllog – wise, sensible
meddu – possess
gofal – care
anghydwelediad – dispute
cyflafareddu – arbitrate
tawelu – calm down, go silent

dirgelwch – secret
craffter – capacity, ability
neilltuol – particular, special
canfod – perceive
trigle'r bai – the root of the problem
ymddiried – trust
perthyn – belong
anfantais – disadvantage
uchelwyr – superiors
cynghoriaeth (cyngoriaethau) – consultation, discussion
ymboeni – be troubled, worry
cyfarwyddwr (-ddwyr) – director

ymadael – leave, depart
tebyg – likely
rhoddi = rhoi
adroddiad – report
cyflawn – complete (adj)
baich – burden
ysgwydd – shoulder
moesymgrymu – bow (v)
hysbysu – inform
galar – mourning, grief

gofid – grief
croyw – plain, clear
anfedrusrwydd – lack of skill
anffyddlondeb – lack of faith
annog – urge
cyfaill – friend
crediniaeth – belief
casáu – hate
gweled = gweld

y Caeau Cochion 'the Red Fields' – note plural form of the adjective **coch**.

y °gymdogaeth y magwyd fi ynddi 'the neighbourhood I was brought up in' – unlike in English, in Welsh you really *can't* end a sentence with a preposition; instead, in examples like this, you have to use the pronoun form (but generally without the pronoun itself) referring back to the thing being talked about – in this case that is **y °gymdogaeth** which is feminine, so we say **y °gymdogaeth y magwyd fi ynddi** because **ynddi hi** means 'in it (fem.)'; similarly for a masculine: **y tŷ y magwyd nhw ynddo** 'the house they were brought up in'. ⇒ MW 483

yr oedd yn cyflogi 'it employed' – pronoun omitted as is normal in LW where the subject (**y Caeau Cochion**) is clear through having been previously mentioned.

a ʰchyfrif 'including' – literally 'and counting'.

°rai cannoedd – this SM of **rhai** is because of *sangiad* (namely **a ʰchyfrif y bechgyn** between the dashes); see note to **°gysylltu** in Chapter 8.

os wyf yn cofio 'if I remember' – **wyf** (LW) 'am'.

goruchwylid 'was/were supervised' – imperfect impersonal form of **goruchwylio**. ⇒ IW U40

holl °danddaearolion °bethau 'all underground matters' – normally we would expect the adjective **tanddaearol** 'undergound' to follow the noun **pethau**, of course; and we would not expect it to appear with a plural ending either.

a oedd dan ei °ofal 'who were under his care'.

Pa . . . bynnag a °godai 'Whatever . . . arose'.

nid oedd eisiau ond i Abraham Jones . . . 'Abraham Jones had only to . . .' – lit. 'there was not need but for . . .'.

ydoedd = oedd.

Profasai 'He had proved' – the **-as-** infix is an indicator of the LW pluperfect (equivalent of **oedd wedi . . .**), though it also appears in the plural forms of the LW preterite as well. ⇒ MW 216, ⇒ IW U37

am y gwyddai 'since/because he knew'. ⇒ MW 323, ⇒ IW U28

beth oedd bod yn °weithiwr 'what it was to be a worker'.

parai hyn iddo ymddangos 'this caused him to appear' – **hyn** is the subject, referring back to **amherffaith iawn oedd ei Saesneg.**

heb °fod mor °gwbl syth 'not as entirely straight' – lit. 'without being . . .'.

ag y dymunasai 'as he had wished' – **â** (**ag** before vowels) corresponds to 'as' in comparative sentences, as here, where it follows on from **mor °gwbl syth.** ⇒ MW 105

ac ymboenai yntau 'and he, for his part, worried' – the extended pronoun **yntau** 'he/him' is used here to draw a parallel – best done in English (which does not have the luxury of extended pronouns) as a paraphrase.

Dywedwyd wrtho 'He was told' – lit. 'It was told to him'.

gan °fod ganddynt °ŵr o Sais 'since they had an Englishman'.

am y newydd 'about the (piece of) news'.

nid ychydig 'not a little' – i.e. 'quite a bit'.

yn lled °groyw 'pretty plainly' – **lled°** causes SM of the following adjective.

nad unrhyw . . . a °barodd 'that it was not any . . . that caused' – remember that focused 'that'-clauses have **nad** in the negative, in other words **nad** 'that . . . not' is the negative counterpart of **mai** 'that'. ⇒ MW 492

ond mai eisiau oedd ar °rai ohonynt 'but that some of them wanted'.

Pa un ai cam ai cymwys 'Whether rightly or wrongly' – though the terms are reversed in the Welsh idiom; the adjective **cam** (not to be confused with the noun **cam** 'step' – a different word) has a general negative meaning of 'wrong' or 'false'; learn the phrase **ar °gam** 'in error'; and as a prefix it is the usual counterpart of English 'mis-', for example **camarwain** 'mislead', **camddealltwriaeth** 'misunderstanding', **camgymeriad** 'mistake'.

Exercise 1

Answer in English:

1 What one disadvantage did Abraham Jones have at work?
2 What reason was given for asking him to leave?
3 And what was Abraham's immediate reaction to this?
4 What did the owners all have in common?
5 How many people were employed at Caeau Cochion?
6 What two abilities made Abraham a good mediator?

Exercise 2

*Decide whether the following statements in Welsh about the content of the piece are true (**cywir** – C) or false (**anghywir** – A):*

1 Roedd ei gydweithwyr yn drist pan ymadawodd Abraham.   C/A
2 Goruchwylio'r gwaith tanddaearol oedd ei brif gyfrifoldeb.   C/A
3 Doedd plant ddim yn cael gweithio yn y Caeau Cochion.   C/A
4 Doedd Abraham ddim yn ddyn cyfeillgar iawn.   C/A
5 Roedd y gweithwyr yn casáu'r goruchwyliwr newydd am ei fod yn   C/A
   rhy grefyddol.
6 Roedd gan rai o gyfarwyddwyr y Caeau Cochion resymau hunanol   C/A
   dros ddiswyddo Abraham.

Exercise 3

Cyfieithwch i'r Saesneg:

1 Fe gyflogwyd cannoedd o weithwyr yn y ffatri newydd.
2 Penderfynwyd mewn cyfarfod cyhoeddus neithiwr y dylid gofyn am i'r cyfarwyddwyr i gyd ymddiswyddo.
3 Mae plant bach yn debycach o fedru glanhau simneiau tai a ffatrïoedd yn effeithiol.
4 Gwyddai'r gweithwyr yn dda fod rhywbeth o'i le.
5 O'n i'n casáu'r dyn 'na ymhell cyn iddo ddod yn wleidydd.
6 Rhaid hysbysu'r goruchwyliwr ar unwaith am yr hyn sy wedi digwydd.

Chapter 32: Tolkien a'r Gymraeg

It is said that J.R.R. Tolkien's interest in Welsh was inspired by seeing railway coal trucks passing by his childhood home in the West Midlands emblazoned with the (to his young eyes) exotic names of Welsh collieries. Another demonstration, then, of the beneficial effects of a good railway network.

This extract is from a review in Welsh by Barry Lewis for the literary magazine *Taliesin* of a new English-language book by Carl Phelpstead, *Tolkien and Wales*, which documents the world-famous author's connections and dealings with Wales and particularly its language. The style is relatively formal, as signalled at the outset by the verb **dengys**, the LW form of **mae . . . yn dangos**, and by the many examples of impersonal verb forms in various tenses throughout the piece. Mutations are not marked for this text – instead I have made the following *Geirfa* fairly comprehensive. As noted in a previous chapter, Welsh has an excellent capacity for forming technical terms, and there are a number of examples here.

Tolkien a'r Gymraeg

Dengys Phelpstead fod gafael Tolkien ar Gymraeg Canol yn dda, ei fod yn hyddysg yn y rhyddiaith ganoloesol yn enwedig, ac y gallai ddeall peth Cymraeg ar lafar. Daw'n eglur o'r drafodaeth fod gan y Gymraeg rôl allweddol yng ngeni 'Middle Earth' ei nofelau. Mynnai Tolkien ei hun mai gwir fan cychwyn ei waith creadigol oedd yr awydd i greu ieithoedd, ieithoedd a fyddai'n hardd yn ei dyb ef; ymgais i'w cynysgaeddu â bywyd dynol oedd dyfeisio chwedlau am fyd arall lle siaredid yr ieithoedd hynny. Y Gymraeg oedd y brif ysbrydoliaeth y tu ôl i'r iaith Sindarin, iaith yr 'elves' sy'n trigo yn Middle Earth. Mewn gwirionedd, mae hynny'n amlwg i unrhyw Gymro Cymraeg sy'n bwrw golwg ar y map o Middle Earth lle ceir enwau fel Minas Tirith, Hithaeglir, Mordor, Enedwaith, Rhovanion. Camp Tolkien oedd nid dwyn geiriau Cymraeg – peth digon hawdd i unrhyw un all agor geiriadur – ond gweld trwy eiriau'r Gymraeg, synhwyro'u teithi cynhenid a chreu geiriau newydd ar batrwm cyffelyb. Carai Tolkien dreigladau'r Gymraeg ac fe ymgorfforodd rai o'i ddyfais ei hun yn Sindarin. Efelychodd hefyd y llafariaid cyfnewidiol: *emyn* yw lluosog *amon* 'mynydd', cf. Cymraeg *agor*, *egyr*. Carai hefyd hanes yr iaith, peth mwy dieithr, efallai, i Gymry heddiw. Felly, sicrhaodd y byddai Quenya, iaith hynafol a gwreiddiol yr 'elves' a batrymwyd i raddau helaeth ar y Ffinneg, yn profi rhai o'r newidiadau seinegol a effeithiodd ar iaith Geltaidd Prydain yn y cyfnod ar ôl y Rhufeiniaid. Bu i Quenya droi'n Sindarin mewn modd tebyg iawn i drawsffurfiad y Frythoneg yn Gymraeg.

Rhan fwyaf diddorol *Tolkien and Wales* yw'r penodau sy'n trafod agwedd Tolkien tuag at yr iaith Gymraeg a'i dylanwad ar iaith yr 'elves'. Lle ymdrinnir â dylanwadau llenyddol, fodd bynnag, fe geir y teimlad fod iaith Cymru wedi tanio dychymyg Tolkien yn fwy na'i llenyddiaeth. Er bod rhyw ran i chwedlau'r Mabinogion yn porthi'i syniadau (*The Silmarillion*, wedi'r cwbl, yw teitl y llyfr gwefreiddiol y gweithiodd arno gydol ei fywyd), pwysicach o dipyn oedd ei ddyled i destunau Saesneg a Norseg. Yn ôl Phelpstead, amwys oedd agwedd Tolkien tuag at y rhamantau Arthuraidd megis y gerdd Saesneg *Sir Gawain and the Green Knight*: dylanwadodd y rhain yn drwm ar ei waith, ond eto roedd eu hagwedd echblyg Gristnogol yn faen tramgwydd. Cwestiwn arall, fodd bynnag, yw i ba raddau y dylid trafod y deunydd Arthuraidd dan y teitl *Tolkien and Wales*: Llenyddiaeth Ffrainc a Lloegr, wedi'r cwbl, yw'r rhamantau Arthuraidd yn y bôn. At ei gilydd mae'n demtasiwn meddwl y byddai'r teitl *Tolkien and Welsh* yn agosach ati o ran cyfleu union ddyled Tolkien i Gymru.

(published in *Taliesin* 142, Spring 2011)

Geirfa

gafael – grip, grasp
hyddysg – well-versed, learned
rhyddiaith – prose
canoloesol – medieval
eglur – clear
trafodaeth – discussion
allweddol – crucial, key
mynnu – insist
man cychwyn – starting point
awydd – desire
tyb – estimation, opinion
ymgais – attempt
cynysgaeddu – endow
chwedl (-au) – legend, fable
ysbrydoliaeth – inspiration
trigo – live, inhabit
camp – feat, achievement
dwyn – steal
synhwyro – sense
teithi – characteristics, traits
cynhenid – inherent
patrwm – model, pattern
cyffelyb – similar
treiglad (-au) – (consonant) mutation
ymgorffori – incorporate
efelychu – imitate
llafariad (-iaid) – vowel
cyfnewidiol – changeable, changing

dieithr – strange, unfamiliar, arcane
sicrhau – ensure
hynafol – ancient
gwreiddiol – original
seinegol – phonetic
cyfnod – period
trawsffurfiad – transformation
Brythoneg – Brythonic
pennod (penodau) – chapter
agwedd – attitude
dylanwad – influence
ymdrin â[h] – treat, deal with
llenyddol – literary
dychymyg – imagination
porthi – feed
gwefreiddiol – thrilling
dyled – debt
testun – text
amwys – ambiguous
rhamant – romance
megis – like, such as
cerdd – poem
echblyg – explicit
maen tramgwydd – stumbling block
deunydd – material
yn y bôn – basically
at ei gilydd – on the whole
cyfleu – convey

Dengys 'shows' – LW present tense = **Mae . . . yn dangos.** ⇒ MW 216, ⇒ IW U37

gafael Tolkien 'Tolkien's grasp' – the VN **gafael** used as a true noun.

ac y gallai 'and that he could'.

peth Cymraeg 'a certain amount of Welsh' – **peth** when used as a quantity word is unusual in not using **o°** before the noun: **ychydig o °laeth, llawer o °laeth, digon o °laeth** but **peth llaeth.** ⇒ MW 193

Daw'n eglur 'It becomes clear' – in the spoken language **daw** 'will come' is the third person singular short future of **dod**, but in the literary style these short futures are also used as presents.

yng ⁿngeni 'Middle Earth' ei nofelau – two genitive constructions one after the other: we need to supply several more small words in English: 'in the birth of the "Middle Earth" of his novels'.

Mynnai 'insisted' – LW imperfect of **mynnu** = **Roedd . . . yn mynnu.**

yn ei °dyb ef 'in his estimation' – **ef** (LW) = **e**, of course.

lle siaredid 'where . . . was/were spoken' – the **-id** ending is characteristic of the imperfect impersonal, a useful verb form which is, however, restricted to written styles; note that, like the present impersonal **-ir**, it causes an **-a-** in the preceding syllable to change to **-e-** (**siarad > siaredid**); so similarly **siaredir** 'is/are spoken'; but the past impersonal ending **-wyd** does not do this: **siaradwyd.** ⇒ IW U40

lle ceir 'where there are' or 'where we find', or some similar way of translating this common and useful impersonal form of **cael**. ⇒ MW 371, ⇒ IW U23

unrhyw un °all agor 'anyone who can open' – the SM on **gall** indicates the relative: the relative particle **a°** 'who/which' is frequently dropped not only in speech but in writing, as here, leaving only the SM to show where it was. But we had this way back in Chapter 10 (note to **oedden nhw'n arfer talu**) – surely you don't need telling again? Of course you don't!

Carai – imperfect third person singular; remember that **caru** can mean 'like' as well as 'love', and I think the former is probably what is meant here, though you could make a case for the latter as well – Tolkien certainly did love languages. As do we all.

o'i °ddyfais ei hun 'of his own devising'.

llafariaid cyfnewidiol 'alternating/changing vowels' – 'vowel' is **llafariad** (plural **llafariaid**) and 'consonant' is **cytsain** (**cytseiniaid**) – useful words for when things in class get technical.

i °raddau helaeth 'to a great extent' – learn this common and useful phrase.

Bu i Quenya °droi'n Sindarin 'Quenya was to turn to Sindarin'.

Lle ymdrinnir â[h] – this neat (though formal) phrase (**ymdrin â**[h] 'treat/deal with (a subject)') is hard to find a close English equivalent for, but it amounts to 'As regards' or 'As far as . . . is/are concerned'; the more literal meaning is something like 'Where there is treating of . . .', which falls some distance short of being English.

°**fodd bynnag** 'however' – learn this phrase, and also **serch hynny**, which means the same thing.

fe °**geir y teimlad** 'one gets the feeling' – a rare instance where 'one' actually is the best way to translate the Welsh impersonal.

°**gydol ei** °**fywyd** 'all his life', also °**gydol ei oes** which means the same thing – °**gydol** is a common shortening of the phrase **drwy** °**gydol** 'throughout', which you should learn; similarly, for example, **drwy** °**gydol y** °**flwyddyn** 'throughout the year', **drwy** °**gydol y** °**drafodaeth** 'throughout the discussion'.

pwysicach o °**dipyn** 'quite a bit more important' – remember that some adjectives change slightly when they add the comparative ending -**ach**, notably a final -**b**, -**d** and -**g** change to their voiceless equivalents; so **gwlyb** > **gwlypach** 'wetter', **rhad** > **rhatach** 'cheaper', **tebyg** > **tebycach** 'more likely'. ⇒ MW 104, ⇒ IW U5

amwys oedd agwedd Tolkien – a focused sentence, emphasising **amwys**.

ond eto 'but then again' or 'but all the same' – used, as here, to negatively qualify a preceding statement.

echblyg °**Gristnogol** 'explicitly Christian' – the SM shows that **echblyg** is functioning as an adverb to be taken with what follows.

i °**ba** °**raddau** 'to what extent' – another phrase using °**raddau** that would be worth learning.

yn y bôn 'basically' – overused (though not here) in Welsh as much as in English; learn it anyway, and throw it into the conversation to give yourself thinking time.

union °**ddyled Tolkien** 'Tolkien's exact debt' or perhaps better 'the precise extent of Tolkien's debt'; SM after an adjective preceding its noun.

| Exercise 1

Answer in English:

1   Which came first – Middle Earth or its languages?
2   What were Tolkien's main inspirations for his story lines?
3   Which made-up language of his was based on Welsh?
4   What countries do the Arthurian romances originate from?
5   What language does Welsh immediately derive from?
6   What was Tolkien's main concern in creating his languages?

Exercise 2

Decide whether the following statements in Welsh about the content of the piece are true (cywir – C) or false (anghywir – A):

1 Ffinneg oedd patrwm yr iaith Quenya.   C/A
2 Mae treigladau yn yr iaith Quenya, fel yn y Gymraeg.   C/A
3 Roedd Tolkien yn hoff iawn o ramantau Arthuraidd Saesneg.   C/A
4 Roedd Tolkien yn siarad Cymraeg yn dda.   C/A
5 Mae'r iaith Sindarin yn llawn dop o eiriau wedi'u dwyn o'r Gymraeg.   C/A
6 Roedd llenyddiaeth Cymru yn llai diddorol i Tolkien na'i hiaith.   C/A

Exercise 3

Cyfieithwch i'r Saesneg:

1 Fe geir llawer o lyfrau ar y pwnc yn y llyfrgell.
2 Mhrif ddiddordeb i ydy llenyddiaeth ganoloesol.
3 Tydy ei gafael hi ar Ffrangeg ddim yn dda.
4 Mi weithiodd ei wraig ar y prosiect hwn gydol ei hoes.
5 Dylid sicrhau dyfodol i'r iaith Gymraeg.
6 Siaredid Norseg yn Norwy a Gwlad yr Iâ ganrifoedd yn ôl.

Chapter 33: Y Rhyfel Fawr

This second piece from John Davies's magisterial and compelling history of Wales *Hanes Cymru* deals with the beginning of the First World War.

Features to note in this stylishly written narrative include the many ways in Welsh of forming abstract nouns from verbs and adjectives – often done with one of a wide range of suffixes. Unfortunately there are few discernible patterns in the use of these suffixes, and it is usually best to simply learn the words individually. On the other hand, it is useful to be able to spot them – and easy as well, since they mostly have only this function . . . mostly. In the *Geirfa* that follows, therefore, I will list not the abstract nouns but the basic words they derive from – then you can use your initiative, and also build up a satisfying little list of these suffixes for future reference and enjoyment. If you can find eight different ones in this piece, award yourself a small prize. Sometimes, however, the abstract noun is the base form – there are two examples here, see if you can spot them. Remember also, however, that simple verbnouns can function as abstract nouns – for example, **ymladd** in the fifth sentence means 'fight' but here is used with the definite article, and means 'the fighting'.

You will also encounter, as in all relatively formal styles of narrative Welsh, various verb forms which, while not very at home in the everyday spoken language, seem as happy as clams in the literary environment. Prominent among these are the various impersonal (or autonomous) forms, characterised by endings such as **-ir**, **-wyd** and **-id** (the first two not unusual in the media, the last very definitely more confined to writing) – these forms usually correspond to passives (generally done with **cael** + possessive adjective + VN in less formal registers), and are both elegant and handy because of their conciseness; don't go using them in speech, though. Other unfamiliar verb forms include the imperfect done with endings (rather than with **roedd** + **yn** + VN as is the case in ordinary styles). In third person narratives of the type we are going to read here, its usual hallmark ending is **-ai** – see how many you can spot.

Y Rhyfel Fawr

Llofruddiwyd Franz Ferdinand, nai Ymerawdwr Awstria-Hwngari, yn Sarajevo ar 28 Mehefin 1914. Dair wythnos yn ddiweddarach, mynegodd Lloyd George ei hyder y byddai synnwyr cyffredin ac ewyllys da yn datrys y problemau a wynebai Ewrop. Nid felly y bu. Erbyn 3 Awst 1914, yr oedd yr Almaen ac Awstria-Hwngari mewn rhyfel yn erbyn Ffrainc a Rwsia. Ymunodd Prydain ar ochr Ffrainc ar 4 Awst. Pan ddaeth yr ymladd i ben ar 11 Tachwedd 1918, gorweddai dros ddeng miliwn o ddynion mewn mynwentydd milwrol, 40,000 o Gymry yn eu plith. Yn sgil y brwydro, dilëwyd 'tirnodau a ffiniau ein gwareiddiad', chwedl Churchill; tanseiliwyd y gyfundrefn economaidd ryngwladol, a dinistriwyd, mewn calonnau lu, y ffydd yn naioni cynhenid Duw a dyn.

Credai'r llywodraeth Brydeinig mai'r llynges fyddai ei phrif gyfraniad at fuddugoliaeth. Serch hynny, profodd llwyddiannau cyflym yr Almaenwyr fod angen byddin enfawr i wrthsefyll anferthedd eu peiriant rhyfel. Yn wahanol i weddill gwladwriaethau Ewrop, nid oedd ym Mhrydain orfodaeth filwrol. Er mwyn cymell gwirfoddolwyr, rhaid oedd meithrin y gred mai lladd Almaenwyr a marw dros yr ymerodraeth oedd pennaf dyletswydd a rhinwedd dyn. Dyma gred a oedd yn wrthun i'r gwerthoedd yr honnai trwch y Cymry eu bod yn eu proffesu. Ymhlith yr Anghydffurfwyr, yr oedd amheuaeth fawr o'r fyddin. Cymry o'r dosbarth tiriog oedd swyddogion catrodau megis y Ffiwsilwyr Brenhinol Cymreig, ond o Loegr y deuai o leiaf naw o bob deg o'r milwyr cyffredin. Ymhlith yr Anghydffurfwyr yr oedd balchder mawr yn nhraddodiad heddychgar Henry Richard, ac yn 1913 datganodd Undeb yr Annibynwyr fod 'pob rhyfel yn groes i ysbryd Crist'. Ystyriai'r mudiad llafur fod arfogi'n gynllwyn i ganiatáu i gyfalafwyr fudrelwa. Yr oedd yr undebau a'r Blaid Lafur wedi ymrwymo wrth y penderfyniad a basiwyd gan y Gynhadledd Sosialaidd Ryngwladol yn 1907. Yn hwnnw datganwyd mai dyletswydd aelodau'r dosbarth gweithiol oedd rhwystro rhyfel; pe na lwyddent, dylent wneud pob ymdrech i drawsffurfio'r rhyfel rhwng gwladwriaethau yn rhyfel rhwng dosbarthiadau. Yr oedd parch mawr at yr Almaen ymhlith carfanau dylanwadol yng Nghymru. Edmygai Llafurwyr ei phlaid sosialaidd – y fwyaf yn y byd; clodforid y wlad fel tarddle'r Diwygiad Protestannaidd; anrhydeddid ei diwinyddion a'i hysgolheigion ieithyddol; ymserchid yn Heine ac eraill o'i beirdd rhamantaidd; gwyddai pob côr yng Nghymru am weithiau Handel, Bach a Mendelssohn. Doedd fawr o frwdfrydedd ynglŷn â Ffrainc – gwlad anlladrwydd ac anffyddiaeth – nac ynglŷn â Rwsia – gwlad gormes ac ofergoel.

Geirfa

llofruddio – murder
nai – nephew
ymerawdwr – emperor
synnwyr – sense
ewyllys – will (n)
wynebu – face (v)
rhyfel – war
ymuno – join (oneself)
ymladd – fight
gorwedd – lie
mynwent (-ydd) – cemetery
milwr (milwyr) – soldier
ymhlith – among
dileu – rub out, erase
tirnod (-au) – landmark
gwareiddiad – civilisation
tanseilio – undermine
cyfundrefn – system
rhyngwladol – international
dinistrio – destroy
llu – host; very many
ffydd – faith
cynhenid – innate
llynges – navy; fleet
cyfrannu – contribute
buddugol – victorious
llwyddo – succeed
enfawr – huge, enormous
gwrthsefyll – resist
anferth – huge, enormous
peiriant – machine
gorfodi – compel, force
cymell – induce
gwirfoddol – voluntary
meithrin – nurture
credu – believe
gwrthun – odious
gwerth (-oedd) – value

cydffurfio – conform
amau (amheu-) – doubt; suspect
byddin – army
swyddog (-ion) – officer
catrawd (catrodau) – regiment
balch – proud
traddodiad (-au) – tradition
heddwch – peace
datgan – announce
ystyried – consider
arfogi – arm (v)
cynllwyn – plan; plot
cyfalaf – capital (i.e. money)
budr – dirty
elw – profit
ymrwymo – commit (oneself)
cynhadledd – conference
dosbarth (-iadau) – class
rhwystro – prevent
ymdrech – effort
trawsffurfio – transform
gwladwriaeth (-au) – nation, state
parch – respect
carfan – sector
dylanwad – influence
edmygu – admire
clodforio – praise
tarddu – derive, originate
anrhydedd – honour
diwinydd (-ion) – theologian
ysgolhaig (-heigion) – scholar
ymserchu – cherish, dote on
rhamant – romance
gwaith (gweithiau) – work
brwdfrydedd – enthusiasm
anlladrwydd – lewdness
gormesu – oppress
ofergoel – superstition

a wynebai 'which faced' – the characteristic third person singular **-ai** ending of the LW imperfect. ⇒ IW U37

Nid felly y bu 'But it was not to be' or 'But this was not how it turned out'.

Pan °ddaeth yr ymladd i °ben 'When the fighting came to an end' – the VN **ymladd** 'fight' is used here as a noun: you can always do this in Welsh; **dod i °ben** is the usual way of saying 'come to an end', and should be learnt.

gorweddai 'were lying' – another LW imperfect, singular despite the English, of course, because third person plural subjects (other than **nhw** itself) take a singular verb in Welsh.

yn eu plith 'among them' – **ymhlith** is 'among', but it is really a compound preposition (i.e. **yn + plith**) and behaves as such when used with pronouns; so **ymhlith y myfyrwyr** 'among the students' but **yn ein plith (ni)** 'among us', **yn eich plith (chi)** 'among you', **yn eu plith (nhw)** 'among them'; the echoing pronoun is optional, leave it out if you feel you really can't face the effort. ⇒ MW 475–476

Yn sgil y brwydro 'In the wake of the fighting' – **yn sgil** is another compound preposition, so for example **yn eu sgil (nhw)** 'in their wake'; **brwydro** (= **ymladd**) here is another VN used as a noun.

chwedl Churchill 'in Churchill's words' or 'as Churchill put it' – **chwedl** these days is 'legend', but this neat idiomatic use is common enough and should be learnt; in N areas, in this use only, it is often pronounced **chadal** – **chadal nhwtha** 'so *they* say'. ⇒ MW 392

mewn calonnau °lu 'in very many hearts' – for **°lu** as a quantity word, see Chapter 22 note to **lluniau °lu**.

yn ⁿnaioni cynhenid 'in the innate good(ness) of' – **daioni** < **da**.

mai'r llynges °fyddai . . . 'that the navy/fleet would' – a focused sentence emphasising **llynges** this word is the same as *Lingus* in the Irish airline *Aer Lingus*, which therefore means 'Air Fleet' in Irish! Now I bet you didn't know *that*!

Serch hynny 'However' – learn this useful phrase.

rhaid oedd = **roedd rhaid**.

Dyma °gred a oedd . . . 'This was a belief that was . . .' – words like **dyma°** and **dyna°** are neutral as to tense because they are not verbal – we simply need to supply the correct English form of the verb 'to be' according to context; sometimes they do appear with **bo** themselves: **dyna oedd yr ymateb °gawson ni** 'that was the response we got', **dyna °fyd uchafbwynt y digwyddiad** 'that will be the climax of the event'; and sometimes they are used almost as the subject of the verb: **dyna °fydd yn digwydd** or **dyna °ddigwyddith** 'that's what will happen', **dyna °ddigwyddodd** 'that's what happened'.

yr honnai trwch y Cymry 'that the vast majority of Welsh people claimed' – **trwch** means 'thickness' or 'density', but is far more commonly used in this metaphorical sense of 'overwhelming number'; but you might also like to learn the phrase **o °fewn trwch blewyn i°** 'within a hair's breadth of' – **fe °ddaethon ni o °fewn trwch blewyn i °golli'r gêm** 'we came within a hair's breadth of losing the game'.

amheuaeth – not 'doubt' here, but 'suspicion'.

dosbarth tiriog 'landed classes' – singular in Welsh, usually plural in English.

o °Loegr y deuai 'it was from England that . . . came' – a focused sentence, emphasising **o °Loegr** (in contrast to, for example, **o °Gymru** which the reader might have been expecting in this context); **deuai** is the LW imperfect of **dod** – irregular of course. ⇒ IW U39

yn °groes i° 'contrary to' – learn this useful phrase.

°fod arfogi'n °gynllwyn 'that armament/arming was a conspiracy' – the VN **arfogi** ('arm', from **arf** 'weapon') used as a noun.

wedi ymrwymo wrth y penderfyniad a °basiwyd 'committed (itself) to the resolution passed' – literally '. . . which was passed'.

hwnnw – i.e. the resolution.

pe na °lwyddent, dylent °wneud 'if they did not succeed (in this), (then) they ought to make' – **pe na °lwyddent** is a LW imperfect subjunctive, = **os na °fydden nhw'n llwyddo**.

i °drawsffurfio'r rhyfel rhwng gwladwriaethau yn rhyfel rhwng dosbarthiadau 'to transform the war between states into a war between classes'.

Yr oedd parch mawr 'There was great respect'.

ei ʰphlaid sosialiadd 'its socialist party' – **ei**ʰ for 'its' because **yr Almaen** is feminine.

clodforid 'was praised' – the LW imperfect impersonal, with two more coming up. ⇒ IW U40

anrhydeddid 'was honoured'.

ymserchid yn Heine 'Heine was cherished'.

gwyddai pob côr yng ⁿNghymru am° 'every choir in Wales knew about' – another LW imperfect, though actually **gwybod** is one of the few verbs where the imperfect with endings is still used in speech; for example, you will hear both **roedd e'n gwybod** and **fe °wyddai fe** for 'he knew'; the same is true for the (usually LW) present with endings, although these are irregular by anyone's standards, e.g. **fe °ŵyr hi** = **mae hi'n gwybod** – this is where **pwy a °ŵyr?** comes from, that we saw way back in Chapter 7, and also in Chapter 28. I'm not telling you again. ⇒ MW 322, 323, ⇒ IW U28

Doedd °fawr o °frwdfrydedd 'there wasn't much enthusiasm' – learn **does °fawr o°** … 'there isn't much …' and **doedd °fawr o°** … 'there wasn't much …', and note that, unusually for negatives, these phrases don't require a **°ddim**.

Exercise 1

Answer in English:

1   What was the attitude of the Independents to war?
2   What two things convinced the British of the need for a large army?
3   What did Lloyd George hope would avert war?
4   Apart from Britain, which of the major nations did not have conscription at this time?
5   What did the Labour Party identify as the primary duty of its members?
6   How many soldiers died in the war?

Exercise 2

*Decide whether the following statements in Welsh are true (**cywir** – C) or false (**anghywir** – A):*

1   Roedd y Llafurwyr yn edmygu Ffrainc.   C/A
2   Saeson oedd y rhan fwya o'r milwyr cyffredin yn y catrodau Cymreig.   C/A
3   Roedd Ffrainc yn ymladd wrth ochor Rwsia.   C/A
4   Fe lofruddiwyd Ymerawdwr Awstria-Hwngari ym Mehefin 1914.   C/A
5   Roedd y fyddin Almeinig yn eitha bychan, ond yn gyflym iawn.   C/A
6   Bardd rhamantaidd oedd Heine.   C/A

Chapter 34: Efrog Newydd Eto

In stark contrast to the nineteenth-century poem (more of a song, really) that we saw in Chapter 26, this modern poem *Efrog Newydd Eto* ('New York Again') by Gerwyn Wiliams, from his recent collection *Rhwng Gwibdaith a Coldplay*, is an example of the language in its most lively and modern poetic idiom – a work composed in Welsh but on a theme that is likely to sound a chord with a wider audience beyond the borders of Wales.

Gerwyn Wiliams is a writer and academic, and began winning prizes for his poetry while still young enough to compete in the Urdd National Eisteddfod (the *Urdd* is a national youth organisation for 16–25-year-olds), where two works – *Tynnu Gwaed* ('Drawing Blood') and *Colli Cyswllt* ('Losing Touch') – won medals in 1983 and 1984. He has produced a number of volumes of poetry since, and a series of poems under the title *Dolenni* ('Links'), exploring the links between literature and war, won him the Crown at the National Eisteddfod in 1994. He has also written critical works on Welsh literature of the twentieth century, notably *Tir Neb: Rhyddiaith Gymraeg a'r Rhyfel Byd Cyntaf* ('No Man's Land: Welsh Prose and the First World War').

Efrog Newydd Eto, however, is a more personal and immediate piece – the poet's impressions of a return visit to a globally renowned city, far distanced from Wales in both geography and cultural resonance, a snapshot in vivid words and phrasings and, to my mind, a telling demonstration of the capacity of this ancient linguistic tradition to find its voice in the wider modern world. Poetry is not always easy, particularly in another language, and I have tried to assist understanding and appreciation with quite a bit of help in the notes. But perhaps you will prefer at the outset to make do with the *Geirfa* alone and see how you do.

Efrog Newydd Eto

Rhesi di-ildio'r tacsis melyn
yn dal i refio ger y mannau croesi
a herio'r cerddwyr am oruchafiaeth ar y ffordd.
Ac am ganol dydd yn sŵ Central Park
y creaduriaid call yn dal i gysgodi dan y coed,
heblaw'r pengwin sy'n gwatwar ein gwiriondeb
a'r arth wen sy'n nofio'n ddefodol
yn ôl ac ymlaen, yn ôl ac ymlaen
er mwyn cynnal ei ffitrwydd
ar gyfer dydd ei goruchafiaeth hithau.

Ond er bod y sgrin sy'n dal ein llun
yn adloniant yn Times Square,
ni allwn ddianc rhag y camerâu sy'n ein canlyn
a dychymyg du y dynion diogelwch
sy'n troi chwistrellwr hufen haul yn arf terfysgol.

Ac mae jig-so Manhattan ddau damaid yn brin.

Bymtheng mlynedd yn ôl,
mewn canrif arall,
Washington hirben oedd pencampwr y cofebau,
ond nid dinas i ymbwyllo mo hon
ac yn sglyfaeth i gystadleuaeth
hawliodd hyd yn oed y teitl hwnnw iddi hi ei hun.

A ger cofeb anorffen Ground Zero
mae gwerthwyr y strydoedd
am ein disychedu â thaflenni trasiedi
am yn ail â photeli dŵr
tra tu ôl i'r ffensys gwarcheidiol
ym mhair y peirianwyr,
yng nghrochan yr adeiladwyr,
maen nhw wrthi'n ailgynllunio
cerfluniau rhyddid, colofnau rhyfyg.

A phob hyn a hyn,
uwch clawstroffobia'r cerbydau,
tu hwnt i'r toeau a'r tyrau,
cawn gip o'r haul wrth iddo daro
ar fetel yr awyrennau sy'n dynesu
gan roi winc slei bach wrth fynd heibio.

(from *Rhwng Gwibdaith a Coldplay* by
Gerwyn Wiliams, published by
Gwasg y Bwthyn, 2011)

Geirfa

rhes (-i) – row
ildio – yield, give way
refio – rev
man (-nau) croesi – crossing
herio – challenge
goruchafiaeth – supremacy

sŵ – zoo
creadur (-iaid) – creature
call – wise
cysgodi – shelter, take shade
heblaw – apart from
gwatwar – mock

gwiriondeb – foolishness
arth (eirth) – bear
defodol – ritualistic
adloniant – entertainment
dianc – escape
canlyn – follow
dychymyg – imagination
diogelwch – security
chwistrellwr – spray
hufen haul – sun cream
arf – weapon
terfysgol – terrorist (adj)
tamaid – piece
canrif – century
hirben – wise
cofeb (-au) – memorial
ymbwyllo – hold (oneself) back
sglyfaeth – prey
cystadleuaeth – competition
hawlio – claim

ger – near, beside
anorffen – endless, unending
disychedu – quench thirst
taflen (-ni) – leaflet
gwarcheidiol – guardian, guarding
pair – cauldron, melting pot
crochan – pot
ailgynllunio – redesign
cerflun (-iau) – statue
rhyddid – freedom
colofn (-au) – column
rhyfyg – arrogance, pushiness
cerbyd (-au) – vehicle
to (-eau) – roof
twr (tyrau) – tower
cip – glimpse
taro – strike
dynesu – approach
slei – sly

Rhesi di-ildio 'unyielding rows' – the VN **ildio** 'yield' used as an adjective here (describing **rhesi**), and prefixed with **di-**, which usually corresponds to 'un-'.

yn dal i refio 'still revving' – i.e. since the last time.

er mwyn cynnal ei ffitrwydd 'in order to maintain/keep up her fitness'.

ar °gyfer dydd ei goruchafiaeth hithau 'for the day when she herself will reign supreme' – literally 'for the day of her supremacy', but the additional element of the contrastive **hithau** in Welsh (linking back to the **goruchafiaeth** of the pedestrians and taxis in line 3) really demands a longer rephrasing to convey the sense more fully.

er bod y sgrin . . . yn adloniant 'although the screen . . . is a (piece of) entertainment' – with the relative clause **sy'n dal ein llun** describing **sgrin**.

ni °allwn °ddianc rhag 'we cannot escape from'.

a dychymyg du y dynion diogelwch 'and the dark imaginings of the security men' – this heavily alliterated phrase also depends on **rhag** in the preceding line.

sy'n troi chwistrellwr . . . yn arf 'which turn a spray-can/tube . . . into a weapon'.

°ddau °damaid yn °brin 'two pieces short' – an adverbial phrase (hence the SM on the first word) and therefore not needing a linking **yn** to the verb **mae**.

°**Bymtheng** ⁿ**mlynedd yn ôl** 'fifteen years ago' – SM on time expressions to indicate 'time when'. ⇒ MW 403

nid dinas i ymbwyllo mo hon 'this is no city to hold itself back' or 'this is no city for holding itself back' – or even, in more idiomatic English, 'this is not a city (that is) backward in coming forward'.

ac yn sglyfaeth i °**gystadleuaeth** 'and (as) prey to competition' or, perhaps better in English, 'as a slave to competition' – i.e. the city cannot resist competing for status.

iddi hi ei hun 'for itself'.

am ein disychedu 'want to quench our thirst' – possessive adjective (**ein** 'our') used as object pronoun of a VN (**disychedu**). ⇒ MW 448 (e), 114

am yn ail âʰ 'alternately with', 'in alternation with'.

maen nhw wrthi'n . . . 'they are busy . . . ing'. ⇒ MW 470

A ʰ**phob hyn a hyn** 'And every now and then' – a useful idiom which you should learn.

cerfluniau rhyddid, colofnau rhyfyg – note the many alliteration patterns within this phrase.

uwch 'above' – more usually **uwchben** in speech.

tu hwnt i° 'beyond'. ⇒ MW 422

cawn °**gip** 'we get a glimpse' – **cawn** is **cawn ni** = **dan ni'n cael**; **cip** 'glimpse' is also very frequently **cipolwg** in speech.

wrth iddo °**daro** 'as it strikes' – remember the construction **wrth** + **i** + subject + °VN to indicate simultaneous action (the **iddo** is of course for **iddo fe**); I know what you're thinking: 'Didn't we meet this way back in Chapter 3?' Yes we did – see note there to **ers i** °**ddaeargryn** °**daro'r** °**wlad**.

ar °**fetel yr awyrennau sy'n dynesu** 'on the metal of the aeroplanes as they approach' or 'on the metal of the approaching aeroplanes'.

wrth °**fynd heibio** 'as (they) go by'. ⇒ MW 470

Exercise 1

*Decide whether the following statements in Welsh about the content of the poem are true (**cywir** – C) or false (**anghywir** – A):*

1 Mae heddlu Efrog Newydd yn darparu poteli dŵr i gerddwyr.   C/A
2 Du ydy lliw gwisg y gwasanaethau diogelwch yn Efrog Newydd.   C/A
3 Mae pwll yn y sŵ at ddefnydd yr eirth gwynion.   C/A
4 Mae tacsis Efrog Newydd yn felyn.   C/A
5 Mae cofeb Ground Zero yn agored i bawb.   C/A
6 Mae prifddinas yr Unol Daleithiau'n enwog am ei chofebau.   C/A

Exercise 2

Match the correct halves of each sentence:

1 Fe ddaethon ni fan hyn i Efrog Newydd
2 Oes modd inni ddianc
3 Mae'n bwysig cynnal ffitrwydd er
4 Yn yr Unol Daleithiau cawsoch
5 Beth am inni fynd
6 Mae Times Square'n llawn

a mwyn cadw'n iach.
b chi'ch geni a'ch magu, 'te?
c i weld anifeiliaid sŵ Central Park pnawn 'ma?
d bymtheng mlynedd yn ôl.
e ceir, goleuadau a sgriniau anferth.
f rhag y bobol ofnadwy 'ma?

Chapter 35: Hen Niclas

This second extract from Daniel Owen's *Rhys Lewis* shows his skill at developing atmosphere and drawing his readers into a compelling narrative – a skill noted by the poet and critic T. Gwynn Jones when he observed of Owen that '*ysgrifennwr ystraeon ydoedd, a bod ei straeon yn rhai na fedr dyn ddim peidio â'u darllen, unwaith y bydd wedi dechrau*' – 'he was a writer of stories, and that his stories are the kind that, once started, one cannot stop reading'.

Note various LW verb forms and constructions – for example **ni** and **nid** used to negate verbs, irregular preterites like **deuthum** and **euthum**, and the first person singular imperfect ending **-wn**, which is all over the place in this piece; pronouns are frequently omitted after verb endings, as is normal for LW.

Hen Niclas

Un noswaith tua diwedd mis Mai, yr wyf yn cofio'n °burion ar ôl cau'r siop i mi yn °ddigymell °gymryd tro hirfaith i'r °wlad. Gan ei bod yn noswaith neilltuol o °glir a hyfryd, cymerais y llwybr igam-ogam gydag ochr afon Alun, ac euthum heibio i amryw °glercod a oedd yn eu mwynhau eu hunain wrth °bysgota. Pan °dybiais imi °fyned yn °ddigon pell, meddyliais y gallwn °ddychwelyd mewn llai o amser wrth °gymryd llwybr arall. Croesais °ddau o °gaeau; a ʰchan °gofio, yr oeddwn yn tresbasu wrth °wneud hynny, a deuthum i'r °briffordd a oedd yn arwain heibio'r Plas. Pan °gyrhaeddais y °fan lle yr oedd y coed yn °fwyaf trwchus a ʰchysgodfawr, a lle yr oedd goleuni'r hwyrnos yn cael ei °gau allan ymron yn °gwbl, gwelwn °ddyn mawr yn dyfod i'm cyfarfod, gan °gerdded yn araf, â'i °ben yn gwyro tua'r llawr. Wedi dyfod °dipyn yn nes at ein gilydd, canfûm mai'r Hen Niclas ydoedd; a rhaid imi °gyfaddef i °gryndod °gerdded dros fy holl °gnawd. Gyda llaw °grynedig botymais fy ⁿnghôb, a °orchuddiai °galon °fwy crynedig, a ʰcherddais yn °gyflym. "Nos dawch, Mr Niclas," ebe fi mor °wrol ag y gallwn. Ond nid atebodd Niclas °air, ac ni ʰchododd ei °ben. Wedi imi °gerdded ychydig °lathenni, edrychais yn ôl a gwelwn Niclas yn myned yn ei °flaen yn araf. Meddyliwn mor ynfyd oeddwn yn brawychu; oblegid yr oedd yn amlwg i mi erbyn hyn mai dyn diniwed oedd yr hen Niclas °druan.

Gadewais y °briffordd a ʰchymerais y llwybr a oedd yn arwain heibio ei °dŷ, a ʰchyrhaeddais ato ymhen ychydig °funudau. Ni °allwn °beidio â sefyll i edrych ar yr hen adeilad. Teimlwn chwilfrydedd mawr ynghylch y tŷ, yn enwedig gan °fod ei °berchennog oddi cartref. Hoffaswn °gael gweled yr °ardd, yr oedd cymaint o sôn amdani. Nid oedd gwal yr °ardd yn rhy uchel imi °ddringo i'w ʰphen. Penderfynais °wneud y cais. Yr oeddwn wedi dechrau ar y gorchwyl, pan °deimlais °law °gref yn cydio yn fy ⁿngholer, ac yn rhoi imi y °fath shegfa, na °allaf ei °gymharu i °ddim gwell na gwaith *terrier* yn cydio mewn llygoden Ffrengig. Llaw yr hen Niclas ydoedd.

Geirfa

noswaith – evening	**gwyro** – bend
purion – very well	**cyfaddef** – admit
yn °ddigymell – spontaneously, on a whim	**cnawd** – flesh
	crynedig – shaking
tro – walk (n), stroll	**botymu** – button (up)
hirfaith – extended, long	**côb** – coat, cloak
myned = mynd	**llathen -(ni)** – yard
llwybr – path	**brawychu** – take fright, be afraid
igam-ogam – winding, zigzag	**diniwed** – harmless
pysgota – fish (v)	**chwilfrydedd** – curiosity
dychwelyd – return	**ynghylch** – about, concerning
cae (-au) – field	**perchennog** – owner
priffordd – main road	**gweled = gweld**
arwain – lead	**gwal** – wall
trwchus – dense, thick	**dringo** – climb
cysgodfawr – shady	**cais** – attempt
goleuni – light (n)	**gorchwyl** – task, undertaking
hwyrnos – evening	**cydio (yn^n)** – grab
dyfod = dod	**llygoden Ffrengig** – rat

<u>**neilltuol o °glir a hyfryd**</u> 'particularly clear and fine'.

<u>**euthum**</u> (LW) = **es i** 'I went'. ⇒ MW 216, ⇒ IW U39

<u>**amryw °glercod**</u> 'a number of/various clerks'.

<u>**Pan °dybiais imi °fyned**</u> 'When I reckoned (that) I had gone' – **i** + subject + °VN is often used instead of a past-tense 'that'-clause; for another example, see **i °gryndod °gerdded** further down; **tybio** 'think', 'suppose', 'consider' is also found in the very common **tybed** 'I wonder' (**tybed ydyn nhw fan hyn yn °barod?** 'I wonder if they're here already?'), and in the response phrase °**Dybiwn i** 'I suppose so' or 'I imagine so' (**Ydyn nhw wedi mynd? – °Dybiwn i.** 'Have they gone?' 'I suppose so').

<u>**a ^{h}chan °gofio**</u> 'and remembering', 'and bearing in mind' – the ^{h}**chan** is really **gan** (+ °VN, ⇒ MW 455 (c)); this common preposition is in origin a fixed SM variant of an earlier word **can** – when used after **a^h** 'and', it can revert to this unmutated form and then take the AM.

<u>**deuthum**</u> (LW) = **des i** 'I came'. ⇒ IW U39

<u>**y °fan lle**</u> 'the place where'.

<u>**ymron yn °gwbl**</u> 'almost completely' – a rather literary turn of phrase, more commonly **bron yn °gyfangwbl** in speech.

gwelwn (LW) = **o'n i'n gweld** 'I saw' or 'I could see' – the LW imperfect tense, still heard in speech in certain circumstances, but very restricted. ⇒ IW U37

i'm cyfarfod 'to meet me' – **'m** is an infixed pronoun corresponding to **mi/fi** and meaning 'my' or 'me' depending on context; the spoken language prefers the possessive adjective **fy** (often appearing simply as NM), and instead of, for example, **i'm gweld** 'to see me' would say **i ⁿngweld (i)**.

°dipyn yn nes at ein gilydd 'a bit closer to each other'.

canfûm 'I saw' – LW preterite of **canfod** 'see, perceive', itself a verb rarely heard in speech.

i °gryndod °gerdded dros 'that a shiver walked/went across' – see note to **Pan °dybiais imi °fyned** above.

a °orchuddai 'which covered' – imperfect.

Nos dawch 'Good night to you' – in the older language **i + chi** gave **iwch**, and this survives in this expression, still very common all over the N.

ebe fi = **meddwn i** 'I said'. ⇒ MW 392

mor . . . ag y gallwn 'as . . . as I could'.

yn ei °flaen 'forward', 'on(ward)'.

Meddyliwn mor ynfyd oeddwn 'I thought how foolish I was', 'I thought how foolish it was of me'; **meddyliwn** = **o'n i'n meddwl**.

oblegid yr oedd yn amlwg 'because it was obvious' – **oherwydd** and **achos** are more common in speech for 'because' than the rather more formal **oblegid**. ⇒ MW 504

yr hen Niclas °druan 'poor old Niclas' – **°druan** rather than **truan** here, despite Niclas being masculine, because of a general (though not consistently applied rule) that adjectives undergo SM after proper names regardless of gender.

a ʰchyrhaeddais ato 'and I reached it' – you can tell this **a** means 'and' and not 'which' (as, for example, in **a °orchuddai** further above) because it is followed by AM and not SM.

Ni °allwn °beidio â sefyll 'I couldn't help standing/stopping' – note again the **ni** negative particle, and no **°ddim**; in speech this would definitely be **°allwn i °ddim peidio â sefyll**.

Hoffaswn (LW) 'I had wanted' or 'I would have liked' – the first option seems the better fi here, given the context.

yr oedd cymaint o sôn amdani 'that there was so much talk about' – **amdani** because i refers back to **yr °ardd**, which is feminine.

°<u>law</u> °<u>gref</u> 'a strong hand' – **cref** is the feminine form of **cryf**. ⇒ MW 100

y °<u>fath shegfa, na °allaf ei °gymharu i °ddim</u> 'such a shaking as I cannot compare to anything' – **shegfa** (or **siegfa**) is a loanword from 'shake' + the **-fa** suffix that, amongst other things, indicates an action: so 'action of shaking'; **na°** 'that . . . not'; **ei°** refers back to **shegfa**, although we might have expected **ei**[h] (and so: **ei** [h]**chymharu**), since **shegfa** is normally feminine – perhaps for Daniel Owen it was a masculine.

| Exercise 1

Answer in English:

1 Why did Rhys the narrator take a different route back from his walk?
2 What was his first reaction on seeing Niclas?
3 What did Niclas say to him?
4 What was on the other side of the two fields?
5 How far from the main road was Niclas's house?
6 What had the narrator just done before setting off on his walk?

| Exercise 2

*Decide whether the following statements in Welsh are true (**cywir** – C) or false (**anghywir** – A):*

1 Roedd gwal yr ardd yn uchel iawn.   C/A
2 Ddywedodd Niclas yr un gair wrth fynd heibio i Rhys.   C/A
3 Roedd y Plas wedi'i leoli wrth ymyl y briffordd.   C/A
4 Roedd gan Niclas gi bach annwyl.   C/A
5 Roedd Rhys yn teimlo'n nerfus braidd pan welodd e mai Niclas oedd   C/A
   yn dod tuag ato.
6 Roedd Rhys yn ysu am gael cipolwg ar yr ardd.   C/A

Key to exercises

Chapter 1

Exercise 1

1 two to five years old 2 stories, puzzles, competitions 3 the farm 4 presents 5 regularly 6 local shops, order by post, order by email

Exercise 2

AACC

Chapter 2

Exercise 1

1 three months 2 satellite 3 no, if you work in Wales you can apply as well 4 yes, you have to be eligible 5 Cardiff 6 dependability

Exercise 2

ACCA

Chapter 3

Exercise 1

1 rebuild their lives after the earthquake 2 before the end of the year 3 money problems 4 an album and special T-shirts 5 March 6 three times 7 appearing on TV programmes 8 first of July

Exercise 2

ACCC

Chapter 4

Exercise 1

1 Bono had hurt his back 2 what songs they will perform 3 all of it 4 available free 5 mixed wet and dry 6 Wednesday

Exercise 2

AAAAAA

Chapter 5

Exercise 1

1 eight 2 one hour 3 learn Welsh (obviously!!) 4 evenings 5 ecofriendly campsite 6 three – two tutors and a presenter 7 a week 8 celebs will be arriving at the camp 9 special programme to launch the series 10 prize-giving ceremony 11 Learning Welsh Week 12 she's looking forward to it greatly

Exercise 2

CCAACA

Chapter 6

Exercise 1

1 children 2 healthy eating 3 the university's commitment to the Welsh language 4 former chair of the Welsh Language Society (*Cymdeithas yr Iaith*), research student 5 Psychology 6 international status 7 English, French, German, Spanish, Italian and Polish 8 *Cymdeithas yr Iaith* 9 the Welsh government 10 local Assembly Member 11 as soon as possible 12 withholding of government grants

Exercise 2

CACA

Chapter 7

Exercise 1

1 that it's an odd game 2 the expenses scandal 3 retaining the seats 4 raise the Plaid vote 5 some people think they have to vote with numbers rather than a cross 6 help to remind people to get out and vote 7 she feels optimistic 8 she's a list candidate 9 two (one local, one list) 10 good in almost every house 11 that it's not fair holding the election and the AV referendum on the same day 12 she thinks it's too late to do anything about it

Exercise 2

ACACCC

Chapter 8

Exercise 1

1 promote the interests of the royal establishment 2 that it's going to comfort and enrich us spiritually 3 to keep his feelings to himself, and not to stir things up ('disturb the waters') in public 4 that he's narrow-minded 5 that she deserves respect, and that she works hard for someone of her age 6 shake the Queen's hand 7 that it may not arrive 8 at New Year

Exercise 2

ACCAAC

Chapter 9

Exercise 1

1 he's the Archdruid 2 he's going to be reading out the poem 'Preseli' 3 Kimbolton Historical Society 4 school reunion 5 he is the current English teacher at Kimbolton school 6 local poets 7 he was the Latin teacher 8 end of the 1940s 9 he moved to Lyneham 10 an international poet, with influence far beyond the borders of Wales

Exercise 2

CAAACC

Chapter 10

Exercise 1

1 could do better 2 management and editorial 3 nobody in Wales was consulted 4 it could be got rid of completely 5 independent funding formula 6 the BBC and the government 7 the people of Wales 8 to create high-quality programmes 9 broadcasting in Wales 10 they think it should change

Exercise 2

ACCA

Chapter 11

Exercise 1

1 reporter on *Panorama* 2 concentrate on the contestants and help them to do their best 3 in 2005, to be able to bring up her children in Welsh 4 she was born there 5 *Mastermind-Cymru* was launched 6 her partner 7 BBC Cymru political editor 8 incredible 9 she blogs regularly on politics 10 two 11 she tends to forget facts rather quickly 12 compete! 13 Welsh Broadcaster of the Year and BT Welsh Journalist of the Year 14 over twenty

Exercise 2

CAAACA

Chapter 12

Exercise 1

1 before the end of March 2 over an hour and a half 3 timetable for the election and essential legislation 4 the Taoiseach took control of the Foreign Affairs department 5 that they wouldn't be punished by the electorate 6 he challenged him for the leadership

Exercise 2

CCAA

Chapter 13

Exercise 1

1 Penclawdd and Gorseinon 2 the Juniors 3 Pembrokeshire Challenge Cup 4 100 per cent 5 during half-time 6 tireless work of friends of the club

Exercise 2

CCAA

Chapter 14

Exercise 1

1 they've offered the cabin, but the *cylch meithrin* will have to organise a permanent location for it 2 excellent results 3 they will receive a prize 4 it's going to be demolished 5 it needs a lot of repair work 6 there is no space for playing 7 'we're getting praise, but not much help' 8 one-and-a-half miles 9 a new primary school 10 nothing – they are all volunteers 11 a law requiring every county council to provide a place for every *cylch meithrin* that wants one 12 September

Exercise 2

CACC

Chapter 15

Exercise 1

1 following Meinir's life for a year 2 no one 3 no one 4 everyday life 5 schools, radio and TV studios 6 coffee and vodka 7 he sang on two of her songs 8 Ynys Môn/Anglesey 9 they are Meinir's official sponsor 10 roving reporter for *Wedi* 3 and *Wedi* 7

Exercise 2

AACAAC

Chapter 16

Exercise 1

1 strengthening 2 more clouds 3 by tomorrow afternoon 4 going down 5 turning milder 6 mild 7 at the end of the week 8 clear skies and a light breeze 9 freezing 10 foggy

Exercise 2

1d 2b 3a 4e 5f 6c

Chapter 17

Exercise 1

1 'Why do I do all these extreme things?' 'What's going through my head?' 2 a year 3 prepared thoroughly, and given one hundred per cent effort 4 slept out in the snow 5 lying on the sofa and watching telly 6 no one – it's not about competing against anyone else 7 fingers or toes 8 pushing her physical and mental limits

Exercise 2

ACAACC

Chapter 18

Exercise 1

1 an under-18 team 2 six years ago 3 annually 4 they've been unlucky 5 they've all got new teams 6 one is an evening game, the other an afternoon game

Exercise 2

ACCCAC

Chapter 19

Exercise 1

1 she has been a dependable friend to their members 2 to fight to keep jobs and services 3 strong political leadership from Wales to stand against Westminster 4 South Wales Central/Canol De Cymru 5 chair of the PCS cross-party group in the Welsh Assembly

6 she didn't – she's still doing it 7 wages and retirement conditions 8 a constant thorn in the side of successive Westminster governments 9 she has supported them 10 constant and unjust attacks 11 Wales 12 one of the principal names in the movement

Exercise 2

ACACAC

Chapter 20

Exercise 1

1 south-east England 2 it's expensive to administer 3 everything has to go through West-minster 4 confidence and pride 5 as inferiors 6 no, he thinks Welsh priorities should be put above English ones

Exercise 2

1e 2a 3f 4b 5d 6c

Chapter 21

Exercise 1

1 because they need someone with qualifications in more than one Celtic language 2 medi-eval Welsh literature 3 they're going to launch an appeal 4 Oxford University 5 endowments 6 a different atmosphere, and a way of broadening horizons

Exercise 2

AAACAC

Chapter 22

Exercise 1

1 that it's important to have a room to yourself 2 none – she's just got pictures of New York on her wall, but she got them off eBay 3 never 4 three titles 5 last year 6 tickets, instru-ments, flags, postcards 7 garden and fence 8 that she is too often portrayed as an old person 9 birdsong 10 the Book of the Year winner will be decided 11 two years ago 12 at the kitchen table or on the bed

Exercise 2

CAACAAAC

Chapter 23

Exercise 1

1 very hard 2 the piles of slate, the quarries, the houses, the main street and the inhabitants 3 empty buildings 4 that they are a testament to an important chapter in our industrial history 5 rusty 6 visitors

Exercise 2

CCCACC

Chapter 24

Exercise 1

1 the railway station 2 Sunday afternoons 3 near the top of Y Rhiw 4 the yard 5 it's a mountain 6 unique 7 Nanhoron and Cefn Amlwch 8 Cefn Amlwch 9 in front of the Central Library 10 standing on the hedge

Exercise 2

CCAAAA

Chapter 25

Exercise 1

1 see the doctor 2 perhaps they should be changed 3 it can go up or down 4 failing to get to sleep, waking up early and not getting back to sleep, oversleeping 5 fewer side-effects 6 books, tapes and programmes on the Web 7 not to suffer in silence 8 first thing in the morning 9 it can be used too loosely 10 six months 11 headache and chest pain 12 66 per cent

Exercise 2

CCCAAA

Chapter 26

Exercise 1

CACAAA

Exercise 2

1 The winds were roaring across the mountains. 2 The old language is still alive. 3 Change came/has come to the life of the shepherd. 4 Generation after generation has worked on the land of Wales. 5 Many people these days have forgotten the old customs of the country. 6 The daisy is a very small flower.

Chapter 27

Exercise 1

1 four: two people in the house, the narrator and the narrrator's mother 2 his jug and his food tin 3 throwing stones 4 Post Lane 5 his mum will begin to worry 6 he is afraid 7 to close the gate behind him 8 that he'll be able to walk for miles 9 put its front paws on the boy's knees and licked his face 10 under the window

Exercise 2

CACACA

Chapter 28

Exercise 1

1 their politics 2 writing a satirical poem about Mubarak 3 he did some more writing 4 national figures and institutions in Wales 5 impatient with critics 6 that he interferes in an unconstitutional manner

Exercise 2

CAACCA

Exercise 3

1 We must be ready to sharpen our weapons. 2 There were protests recently against the authorities. 3 Wales has started on the journey towards independence. 4 Appointing a new prince will be our first step after coming to power. 5 It was suggested to the poet that he ought to compose a poem on a different subject. 6 The newspapers published letters protesting against the imprisonment of the writer.

Chapter 29

Exercise 1

1 tramways and ports 2 it came from England 3 they had no serious competition 4 first decade of the nineteenth century 5 for better, because of a resurgence of building after the neglect during the war 6 Richard Pennant died

Exercise 2

AACAAA

Chapter 30

Exercise 1

1 bricks 2 the adults 3 nobody – she couldn't speak Welsh 4 mice in her pockets 5 no tide and no crabs 6 by throwing pebbles at his window

Exercise 2

CAACCCAA

Chapter 31

Exercise 1

1 he didn't speak very good English 2 that there was an Englishman who would probably do the job better, and be able to give better reports 3 he felt a burden had been lifted from him 4 they were all English 5 several hundred people 6 his ability to identify the root of a problem, and the trust in which the workers held him

Exercise 2

CCAAAC

Exercise 3

1 Hundreds of workers were employed in the new factory. 2 It was decided in a public meeting that the directors should all be asked to resign. 3 Small children are more likely to be able to clean the chimneys of houses and factories effectively. 4 The workers knew well that something was wrong. 5 I hated that man long before he became a politician. 6 The supervisor must be informed at once about what has happened.

Chapter 32

Exercise 1

1 the languages came first 2 English and Norse literature 3 Sindarin 4 England and France 5 Brythonic 6 that they should be (in his estimation) beautiful

Exercise 2

CAAAAC

Exercise 3

1 There are lots of books on this subject in the library. 2 My main interest is medieval literature. 3 Her grasp of French is not good. 4 His wife worked on this project all her life. 5 A future for the Welsh language must be assured. 6 Norse was spoken in Norway and Iceland centuries ago.

Chapter 33

Exercise 1

1 that every war was contrary to the spirit of Christ 2 the size of the German army, and the speed of its success 3 common sense and good will 4 none 5 to prevent war 6 over ten million

Exercise 2

ACCAAC

Chapter 34

Exercise 1

AACCAC

Exercise 2

1d 2f 3a 4b 5c 6e

Chapter 35

Exercise 1

1 he thought he'd save time 2 he shivered 3 nothing 4 the main road 5 a few minutes' walk 6 he had closed the shop

Exercise 2

ACAACC

Index